Sören Kierkegaard, geboren am 5. März 1813 in Kopenhagen, ist dort am 11. November 1855 gestorben.

Sein im Februar 1843 veröffentlichtes erstes großes philosophisches Werk *Entweder – Oder* enthält am Schluß des ersten Teils das *Tagebuch des Verführers*.

»Um Verführer zu sein, bedarf es stets einer gewissen Reflexion und Bewußtheit... Ein Verführer muß daher im Besitz einer Macht sein, die Don Juan nicht besitzt – der Macht des Wortes. Sobald man ihm die Macht des Wortes gibt, hört er auf, musikalisch zu sein, und das ästhetische Interesse wird ein ganz anderes... nämlich: das Wie, die Methode.«   *Sören Kierkegaard*

insel taschenbuch 2135
Sören Kierkegaard
Tagebuch des Verführers

Kierkegaard
Tagebuch
des Verführers

Aus dem Dänischen
von Helene Ritzerfeld
Insel Verlag

insel taschenbuch 2135
Erste Auflage 1997
© Insel Verlag Frankfurt am Main 1983
Alle Rechte vorbehalten durch den
Insel Verlag Frankfurt am Main und Leipzig
Hinweise zu dieser Ausgabe am Schluß des Bandes
Vertrieb durch den Suhrkamp Taschenbuch Verlag
Umschlag nach Entwürfen von Willy Fleckhaus
Druck: Nomos Verlagsgesellschaft, Baden-Baden
Printed in Germany

1 2 3 4 5 6 – 02 01 00 99 98 97

Tagebuch des Verführers

Sua passion' predominante
e la giovin principiante.

DON GIOVANNI, NR. 4, ARIA

Ich kann vor mir selbst die Angst nicht verheimlichen, der Angst kaum Herr werden, die mich in diesem Augenblick ergreift, da ich um meiner selbst willen beschließe, eine genaue Reinschrift von jener flüchtigen Abschrift zu machen, die ich mir seinerzeit nur in größter Hast und äußerster Unruhe verschaffen konnte. Wie damals fühle ich wieder das Beängstigende, aber auch das Vorwurfsvolle der Situation. Gegen seine Gewohnheit hatte er seinen Sekretär nicht abgeschlossen, dessen ganzer Inhalt damit zu meiner Verfügung stand; jedoch es wäre vergeblich, wollte ich versuchen, mein Betragen damit zu beschönigen, indem ich mich selbst daran erinnere, daß ich keine Schublade geöffnet habe. Eine Schublade war herausgezogen. Darin lag eine Menge loser Papiere, und obenauf ein geschmackvoll eingebundenes Buch im Großquartformat. Auf der Seite, die nach oben lag, befand sich eine weiße Vignette, auf der in seiner Handschrift stand *Commentarius perpetuus* Nr. 4. Indes würde es vergeblich sein, mir einreden zu wollen, ich wäre nicht in Versuchung gefallen oder hätte ihr Widerstand geleistet, hätte nicht jene Seite des Buches nach oben gelegen und mich somit der auffällige Titel nicht verführt. Der Titel als solcher war befremdlich, doch nicht so sehr um seiner selbst willen, sondern aus seiner Umgebung heraus. Ein flüchtiger Blick in die losen

Papiere zeigte mir, daß sie Ansichten über erotische Situationen enthielten, einzelne Hinweise über das eine oder andere Verhalten, Entwürfe zu Briefen von einer ganz eigenen Art, deren künstlerisch vollendete berechnete Lässigkeit ich später kennenlernte. Wenn ich mir jetzt, nachdem ich das ränkevolle Innere dieses verderbten Menschen durchschaut habe, die Situation ins Gedächtnis zurückrufe, ich erst jetzt, nachdem die Wahrheit über alle seine Ränken offenkundig ist, vor jene Schublade trete, so gewinne ich den gleichen Eindruck, den ein Polizeibeamter haben muß, wenn er das Zimmer eines Fälschers betritt, seine Verstecke öffnet und in einer Schublade eine Menge loser Papiere findet, Schriftproben; auf einem ein kleines Ornament, auf einem anderen ein Namenszug, auf einem dritten eine Zeile in Chiffreschrift. Das beweist ihm leicht, daß er auf der richtigen Spur ist, und die Freude darüber mischt sich mit einer gewissen Bewunderung für das Studium, den Fleiß, die hier unverkennbar sind. Mir wäre es wohl etwas anders ergangen, weil ich weniger erfahren bin im Aufspüren von Verbrechen und nicht bewaffnet mit – einer Dienstmarke. Ich hätte der Wahrheit doppeltes Gewicht gespürt, auf verbotenen Pfaden zu wandeln. Damals fehlten mir Gedanken und Worte, wie das so geht. Man wird von einem Eindruck gepackt, bis sich die Reflexion wieder davon löst und mannigfaltig und hurtig in ihren Regungen den unbekannten Fremden beschwatzt und sich bei ihm einschleicht. Je stärker die Reflexion entwickelt ist, um so schneller weiß sie sich zu fangen, wird, wie jemand, der Auslandsreisenden Pässe ausstellt, so vertraut damit, die abenteuerlichsten Gestalten zu sehen, daß sie sich nicht leicht verblüffen läßt. Aber ungeachtet dessen, daß meine Reflexion gewiß sehr stark entwickelt ist, war ich doch im ersten Augenblick höchst erstaunt; ich erinnere mich sehr gut, wie ich erbleichte, beinahe ohnmächtig wurde, und welche Angst ich davor hatte. Angenommen, er wäre nach Hause gekommen, hätte mich bewußtlos gefunden, die Schublade in meinen Händen – ein schlechtes Gewissen ist doch imstande, das Leben interessant zu machen.

Der Titel des Buches selbst machte mich nicht stutzig; ich vermutete, es sei eine Sammlung von Exzerpten, was mir ganz natürlich vorkam, weil ich wußte, daß er seine Studien stets mit Eifer betrieben hatte. Es enthielt jedoch ganz andere Dinge. Es war nichts anderes als ein sorgfältig geführtes Tagebuch; und obgleich ich, nach dem, was ich bisher von ihm wußte, fand, daß sein Leben nicht unbedingt eines Kommentars bedürfe, leugne ich jetzt doch nicht nach dem Einblick, den ich nahm, daß der Titel mit viel Geschmack und Verstand gewählt wurde, mit wahrer ästhetischer, objektiver Überlegenheit über sich selbst und die Situation. Der Titel ist in voller Harmonie mit dem ganzen Inhalt. Sein Leben war ein Versuch, die Aufgabe, poetisch zu leben, zu verwirklichen. Mit einem stark entwickelten Gespür, das Interessante im Leben zu entdecken, wußte er es zu finden, und hat, nachdem er es gefunden hatte, das Erlebte stets halb dichterisch wiedergegeben. Sein Tagebuch ist daher nicht historisch genau oder einfach erzählend, nicht indikativisch, sondern konjunktivisch. Ungeachtet dessen, daß das Erlebte natürlich erst aufgezeichnet wird, nachdem man es erlebt hat, bisweilen vielleicht sogar erst längere Zeit danach, wird es doch oft so dargestellt, als ereignete es sich im gleichen Augenblick, zuweilen so dramatisch lebendig, als geschähe alles vor unseren eigenen Augen. Daß er es nur getan haben könnte, weil er irgendeine andere Absicht mit diesem Tagebuch verfolgte, ist höchst unwahrscheinlich; daß es streng genommen nur für ihn persönlich Bedeutung hatte, ist augenfällig; und annehmen zu wollen, ich hätte ein dichterisches Werk vor mir, vielleicht sogar zum Druck bestimmt, dem widerspricht das Ganze in allem. Zwar brauchte er nichts für sich selbst zu befürchten bei einer Publikation; denn die meisten Namen sind so seltsam, daß es ganz unwahrscheinlich ist, daß sie historisch richtig sind; doch habe ich den Verdacht geschöpft, daß der Vorname historisch richtig ist, so daß er selbst jederzeit sicher war, die wirkliche Person wiederzuerkennen, während jeder Unbefugte durch den Familiennamen irregeführt werden mußte. Das ist zumindest der Fall bei dem Mädchen, das ich gekannt habe, dem das Hauptinteresse gilt, Cordelia, sie heißt wirklich Cordelia, jedoch nicht Wahl.

Wie läßt es sich nun erklären, daß das Tagebuch trotzdem einen derart dichterischen Anflug hat? Die Antwort darauf ist nicht schwer, es läßt sich aus seiner dichterischen Natur heraus erklären, die, wie man sagen könnte, nicht reich genug, aber auch nicht arm genug war, um Dichtung und Wirklichkeit voneinander zu trennen. Das Poetische war das Mehr, das er selbst einbrachte. Dieses Mehr war das Poetische, das er in der poetischen Situation der Wirklichkeit genoß; er nahm es in Form dichterischer Reflexion wieder zurück. Das war der zweite Genuß, und auf Genuß war sein ganzes Leben ausgerichtet. Im ersten Fall genoß er persönlich das Ästhetische, im zweiten Fall genoß er ästhetisch seine Persönlichkeit. Im ersten Fall war der Punkt der, daß er egoistisch persönlich das genoß, was ihm zum Teil die Wirklichkeit gab, womit er zum Teil die Wirklichkeit geschwängert hatte; im zweiten Fall verflüchtigte sich seine Persönlichkeit und er genoß dann die Situation und sich selbst in der Situation. Im ersten Fall brauchte er beständig die Wirklichkeit als Anlaß, als Moment; im zweiten Fall war die Wirklichkeit eingegangen in das Poetische. Die Frucht des ersten Stadiums ist somit die Stimmung, aus der das Tagebuch als Frucht des zweiten Stadiums hervorgegangen ist, dieses Wort im letzten Fall in etwas anderer Bedeutung genommen als im ersten. Er besaß somit stets das Poetische durch die Zweideutigkeit, in der sein Leben verlief.

Hinter der Welt, in der wir leben, fern im Hintergrund, liegt eine andere Welt, die ungefähr im selben Verhältnis zu jener steht, wie die Szene, die man bisweilen im Theater hinter der wirklichen Szene sieht, zu dieser steht. Man sieht durch einen dünnen Schleier gleichsam eine Schleier-Welt, leichter, ästhetischer, von einer anderen Beschaffenheit als die wirkliche. Viele Menschen, die leibhaftig in der wirklichen Welt sind, haben nicht in dieser ihre Heimat, sondern in jener anderen. Daß jedoch ein Mensch auf diese Weise dahinschwindet, ja nahezu der Wirklichkeit entschwindet, kann als Ursache sowohl Gesundheit wie Krankheit haben. Das letzte war der Fall bei jenem Menschen, den ich einstmals gekannt habe, ohne ihn zu kennen. Er gehörte nicht der Wirklichkeit an und hatte doch viel mir ihr zu tun. Er lief beständig über sie hin, aber selbst wenn er sich ganz hingab, war er über sie hinaus. Aber es war nicht das Gute, das ihn fortlockte, auch war es eigentlich nicht das Böse, das wage ich nicht einmal jetzt über ihn zu sagen. Er hatte etwas von einer *exacerbatio cerebri*, der die Wirklichkeit nicht genügend Antrieb bot, allenfalls nur für Augenblicke. Er verhob sich nicht an der Wirklichkeit, er war nicht zu schwach, sie zu tragen, nein, er war stark; aber diese Stärke war eine Krankheit. Sobald die Wirklichkeit ihre Bedeutung als Antrieb verloren hatte, war er entwaffnet, darin lag das Böse bei ihm. Dessen war er sich selbst im Augenblick des Antriebs bewußt, und in diesem Bewußtsein lag das Böse.

Ich habe das Mädchen gekannt, dessen Geschichte den Hauptinhalt des Tagebuchs bildet. Ob er mehrere verführt hat, weiß ich nicht; doch scheint es aus seinen Papieren hervorzugehen. Er scheint außerdem in einer anderen Art Praxis bewandert gewesen zu sein, die ganz charakteristisch für ihn ist; denn er war allzusehr geistig bestimmt, um ein Verführer im gewöhnlichen Sinn zu sein. Man erfährt aus dem Tagebuch, daß es mitunter etwas ganz Willkürliches war, das er begehrte, zum Beispiel einen Gruß, und um keinen Preis mehr annehmen wollte, weil es das Schönste bei der Betreffenden war. Mit Hilfe seiner Geistesgaben wußte er ein Mädchen zu versuchen, es an sich zu ziehen, ohne daß er sich im strengsten Sinn etwas daraus machte, sie zu besitzen. Ich kann mir vorstellen, daß er es verstand, ein Mädchen auf den Höhepunkt zu bringen, daß er sicher war, sie würde alles opfern. Wenn die Sache soweit gediehen war, dann brach er ab, ohne daß von seiner Seite die mindeste Annäherung erfolgt war, ohne daß ein Wort der Zärtlichkeit gefallen war, geschweige denn eine Erklärung, ein Versprechen. Und doch war es geschehen, und die Unglückliche war sich dessen doppelt bitter bewußt, weil sie nicht das mindeste hatte, worauf sie sich berufen konnte, denn sie wird ständig von den verschiedenen Stimmungen in einem grauenvollen Hexentanz hin und her gerissen werden, wenn sie bald sich selbst Vorwürfe machte, ihm verzieh, bald ihm Vorwürfe machte und nun, da doch das Verhältnis nur im uneigentlichen Sinn Wirklichkeit gewesen war, ständig gegen den Zweifel ankämpfte, ob das Ganze nicht einfach Einbildung sei. Sie konnte sich niemandem anvertrauen; denn eigentlich hatte sie nichts, was sie hätte anvertrauen können. Wenn man geträumt hat, kann man anderen seinen Traum erzählen, aber das, was sie zu erzählen hatte, war ja kein Traum, es war Wirklichkeit, und doch war nichts da, sobald sie zu anderen davon sprechen, sich das bekümmerte Herz erleichtern wollte. Sie fühlte das selbst, und doch lag es mit beängstigender Schwere auf ihr. Solche Opfer waren daher von ganz eigener Art. Es waren keine unglücklichen Mädchen, die sich als Ausgestoßene oder in dem Gedanken, von der Gesellschaft ausgestoßen zu sein, auf natürliche und starke Weise grämten und sich zuweilen, wenn ihnen das Herz zu voll war, durch Haß oder Vergeben Luft machten. Es war keine sichtbare Veränderung mit ihnen vorgegangen; sie lebten ihr gewohntes Leben, wie stets geachtet, und doch waren sie verwandelt, ihnen selbst fast unerklärlich, unbegreifbar für andere. Ihr Leben war nicht wie das jener zerbrochen oder geknickt, es war nach innen gekehrt; für andere verloren, versuchten sie vergeblich, zu sich selbst zu finden. In dem Sinn, in dem man sagen könnte, daß sein Weg durch das Leben ohne Spur verlief (denn seine Füße waren so beschaffen, daß die Spur ihnen anhaften blieb, so stelle ich mir am besten seine unendliche Reflektiertheit in sich selbst vor), in dem Sinn fiel ihm nichts zum Opfer. Er führte ein allzu stark geistiges Leben, um ein Verführer im gewöhnlichen Sinn zu sein. Zuweilen nahm er jedoch einen parastatischen Leib an und war dann ganz Sinnlichkeit. Selbst seine Geschichte mit Cordelia ist so verwickelt, daß es für ihn möglich wäre, als der Verführte aufzutreten, ja selbst das unglückliche Mädchen kann sich darüber zuweilen im unklaren sein, auch hier ist seine Fußspur so undeutlich, daß jeglicher Beweis unmöglich ist. Die Individuen waren für ihn bloß Antrieb, er schüttelte sie von sich ab wie ein Baum seine Blätter – er verjüngt sich, das Laub verwelkt.

Wie aber mag es in seinem eigenen Kopf aussehen? So wie er andere in die Irre geführt hat, wird er, denke ich, damit enden, selbst in die Irre zu gehen. Er hat die anderen nicht in äußerlicher Beziehung in die Irre geführt, sondern in ihrem eigenen Inneren. Es liegt etwas Empörendes darin, wenn ein Mensch einen Wanderer, der sich unschlüssig ist über den Weg, auf falsche Pfade führt und ihn dann in seiner Verirrung allein läßt, und doch, was ist das im Vergleich dazu, einen Menschen dahin zu bringen, an sich selbst irre zu werden. Der Wanderer, der sich verirrt, hat doch den Trost, daß die Gegend um ihn herum sich ständig verändert, und jede Veränderung birgt die Hoffnung in sich, einen Weg heraus zu finden. Wer in sich selbst in die Irre geht, dem steht kein so großes Gebiet zur Verfügung, in dem er sich bewegen kann; er erkennt bald, daß es ein Kreislauf ist, aus dem er nicht herauskommen kann. So wird es, glaube ich, ihm selbst ergehen nach einem noch weit schrecklicheren Maßstab gemessen. Ich kann mir nichts Qualvolleres vorstellen als einen ränkesüchtigen Kopf, der den Faden verliert und der jetzt seinen ganzen Scharfsinn auf sich selbst anwendet, da sein Gewissen erwacht und es darum geht, sich selbst aus dieser Verirrung zu retten. Umsonst hat sein Fuchsbau viele Ausgänge, in dem Augenblick, da seine verängstigte Seele schon glaubt, das hereinfallende Tageslicht zu sehen, zeigt es sich, daß es ein weiterer Eingang ist, und so sucht er wie ein aufgescheuchtes Wild, von Verzweiflung gepackt, ständig einen Ausgang und findet immer nur einen Eingang, von dem er in sich selbst zurückkehrt. Ein solcher Mensch ist nicht immer das, was man einen Verbrecher nennen könnte, er wird oft selbst getäuscht von seinen Ränken, und doch trifft ihn eine furchtbarere Strafe als den Verbrecher; denn was ist selbst der Reue Schmerz im Vergleich zu diesem bewußten Wahnwitz. Seine Strafe hat einen rein ästhetischen Charakter; denn selbst das Erwachen des Gewissens ist auf ihn angewandt ein zu ethischer Ausdruck; das Gewissen bedeutet für ihn nur ein stärkeres Bewußtsein, das sich als Unruhe äußert, das ihn nicht einmal im tieferen Sinn anklagt, sondern ihn wach hält, ihm keine Ruhe gönnt in seiner unfruchtbaren Rastlosigkeit. Auch wahnsinnig ist er nicht; denn der endlichen Gedanken Mannigfaltigkeit ist nicht in der Ewigkeit des Wahnsinns versteinert.

Arme Cordelia, auch ihr wird es schwer fallen, Frieden zu finden. Im Innersten ihres Herzens vergibt sie ihm, doch sie findet keine Ruhe, denn es erwachen Zweifel; sie war es, die die Verlobung löste, sie war die Ursache des Unglücks, es war ihr Stolz, der das Ungewöhnliche begehrte. Da bereut sie, findet aber keine Ruhe; denn die anklagenden Gedanken sprechen sie frei: er war es, der in seiner Hinterlist ihrer Seele den Plan eingegeben hat. Da haßt sie, ihr Herz fühlt sich durch Verwünschungen erleichtert, aber sie findet keine Ruhe; sie macht sich erneut Vorwürfe, Vorwürfe, weil sie gehaßt hat, sie, die selbst eine Sünderin ist, Vorwürfe, weil sie, mag er noch so hinterlistig gewesen sein, doch stets schuldig bleibt. Hart ist für sie, daß er sie betrogen hat, noch härter könnte man fast versucht sein zu sagen, daß er die vielzüngige Reflexion geweckt, daß er sie ästhetisch genug entwickelt hat, nicht länger demütig einer Stimme zu lauschen, sondern die vielen gleichzeitig sprechen hören zu können. Da erwachen in ihrer Seele Erinnerungen, sie vergißt Vergehen und Schuld, sie erinnert sich der schönen Augenblicke, sie wird von einer unnatürlichen Exaltation betäubt. In solchen Augenblicken erinnert sie sich seiner nicht nur, sie nimmt ihn mit einer *clairvoyance* wahr, die nur beweist, wie stark sie sich entwickelt hat. Sie sieht nicht den Verbrecher in ihm, aber auch nicht den edlen Menschen, sie empfindet ihn nur ästhetisch. In einem Brief, den sie mir einmal geschrieben hat, spricht sie sich über ihn aus. »Bisweilen war er so geistig, daß ich mich als Frau vernichtet fühlte, zu anderen Zeiten war er so wild und leidenschaftlich, so begehrend, daß ich fast vor ihm zitterte. Zuweilen war ich eine Fremde für ihn, zuweilen gab er sich ganz hin; wenn ich dann meine Arme um ihn schlang, dann war mitunter plötzlich alles verändert und ich umarmte die Wolke. Diesen Ausdruck kannte ich, bevor ich ihn kennenlernte, aber er hat mich gelehrt, ihn zu verstehen, wenn ich ihn benutze, denke ich stets an ihn, so wie ich jeden meiner Gedanken nur mit ihm denke. Ich habe Musik immer geliebt, er war ein makelloses Instrument, immer bewegt, er hatte einen Umfang, wie ihn kein Instrument hat, er war der Inbegriff aller Gefühle und Stimmungen, kein Gedanke war ihm zu hoch, keiner zu verzweifelt, er konnte brausen wie ein Herbststurm, er konnte unhörbar flüstern. Nicht eines meiner Worte blieb ohne Wirkung, und dennoch kann ich nicht sagen, ob mein Wort nicht seine Wirkung verfehlte; denn welche es haben würde, war für mich unmöglich zu wissen. Mit einer unbeschreiblichen, aber geheimnisvollen, seligen, unsagbaren Angst lauschte ich dieser Musik, die ich selbst hervorrief, und doch nicht hervorrief, immer bestand Harmonie, immer riß er mich hin.«

Schrecklich ist es für sie, schrecklicher wird es für ihn werden, das kann ich daraus schließen, daß ich selbst kaum der Angst Herr werden kann, die mich jedesmal ergreift, wenn ich an diese Angelegenheit denke. Auch ich bin mit hineingerissen in dieses Nebel-Reich, in diese Traumwelt, in der man jeden Augenblick Angst vor seinem eigenen Schatten hat. Vergeblich versuche ich oftmals, mich davon loszureißen, ich folge mit wie ein drohendes Schicksal, wie ein stummer Ankläger. Wie sonderbar! Er hat das tiefste Geheimnis über alles gebreitet, und doch gibt es ein noch tieferes, nämlich, daß ich Mitwisser bin, ich selbst wurde ja auf unerlaubte Weise zum Mitwisser. Es will mir nicht gelingen, das Ganze zu vergessen. Zuweilen habe ich daran gedacht, mit ihm darüber zu sprechen. Doch was würde es nützen, er würde entweder alles ableugnen, behaupten, daß das Tagebuch ein dichterischer Versuch sei, oder er wird mir Schweigen auferlegen, was ich ihm nicht verweigern kann in Anbetracht der Art und Weise, wie ich zum Mitwisser wurde. Es gibt doch nichts, auf dem soviel Verführung und soviel Fluch liegt wie auf einem Geheimnis.

Ich habe von Cordelia ein Bündel Briefe erhalten. Ob sie vollständig sind, weiß ich nicht, doch meine ich, sie hätte einmal zu verstehen gegeben, daß sie einige zurückbehalten hat. Ich habe Abschriften davon gemacht und werde sie jetzt in meine Reinschrift einfügen. Sie sind allerdings nicht datiert, aber selbst wenn sie ein Datum trügen, würde mir das nicht viel helfen, weil das Tagebuch, je weiter es fortschreitet, immer sparsamer wird mit der Angabe eines Datums, ja schließlich bis auf eine einzige Ausnahme auf jede Datierung verzichtet, als würde die Geschichte in ihrem Fortgang so qualitativ-bedeutungsvoll, sei in einem Maß, obgleich historische Wirklichkeit, so nahe daran, Idee zu werden, daß aus diesem Grund die Zeitbestimmungen unwichtig würden. Geholfen hat mir hingegen, daß sich an verschiedenen Stellen im Tagebuch ein paar Worte finden, deren Bedeutung ich anfangs nicht begriff. Bei einem Vergleich mit den Briefen habe ich inzwischen erkannt, daß sie die Motive dafür sind. Deshalb wird es für mich ein Leichtes sein, sie an den richtigen Stellen einzureihen, indem ich den Brief jeweils dort einfüge, wo sich das Motiv dafür angedeutet findet. Ohne diese Hinweise hätte ich mich eines Mißverständnisses schuldig gemacht, denn was jetzt aus dem Tagebuch als Wahrscheinlichkeit hervorgeht, daß zuzeiten die Briefe so schnell aufeinander folgten, daß sie an einem Tag wahrscheinlich mehrere erhalten hat, das wäre mir sicher nicht eingefallen. Wäre ich meinen Gedanken gefolgt, so hätte ich sie wohl gleichmäßig verteilt und nicht geahnt, welche Wirkung er mit dieser leidenschaftlichen Energie erreichte, mit welcher er dieses wie jedes andere Mittel benutzte, um Cordelia auf dem Höhepunkt der Leidenschaft zu halten.

Außer der vollständigen Aufklärung über sein Verhältnis zu Cordelia enthielt das Tagebuch, hier und da eingefügt, die eine oder andere kleine Schilderung. Überall wo sich eine solche befand, stand am Rand ein NB. Diese Schilderungen stehen in überhaupt keinem Zusammenhang mit der Geschichte über Cordelia, sie haben mir aber eine lebendige Vorstellung über die Bedeutung eines Ausdruckes vermittelt, den er oft gebrauchte und den ich zuvor wohl auf andere Art verstanden hatte: man sollte nie bloß an einer Stelle angeln. Wäre mir ein früherer Band dieses Tagebuches in die Hände gefallen, so wäre ich vermutlich auf mehrere dieser, wie er sie selbst irgendwo am Rande nennt: *Actiones in distans* gestoßen; denn er bemerkt selbst, daß Cordelia ihn zu sehr beschäftigte, um noch Zeit zu finden, sich umzusehen.

Kurz nachdem er Cordelia verlassen hatte, erhielt er von ihr ein paar Briefe, die er ungeöffnet zurücksandte. Sie befanden sich zwischen den Briefen, die Cordelia mir überließ. Sie selbst hatte die Siegel erbrochen, und ich darf mir wohl erlauben, auch davon Abschriften zu machen. Ihren Inhalt hat sie mir gegenüber nie erwähnt, dagegen pflegte sie, wenn sie von ihrem Verhältnis zu Johannes sprach, einen kleinen Vers aufzusagen, der, soviel ich weiß, von Goethe ist, der jeweils nach der Art ihrer jeweiligen Stimmung und der dadurch bedingten unterschiedlichen Diktion etwas anderes zu bedeuten schien:

Gehe,
Verschmähe
Die Treue,
Die Reue
Kommt nach

Die Briefe lauten wie folgt:

Johannes!

Ich nenne Dich nicht: mein, ich sehe wohl ein, daß Du es niemals warst, und ich bin hart genug dafür bestraft, daß dieser Gedanke einstmals meine Seele ergötzte; und doch nenne ich Dich: mein; mein Verführer, mein Betrüger, mein Feind, mein Mörder, meines Unglückes Ursache, meiner Freude Grab, meiner Unseligkeit Abgrund. Ich nenne Dich: mein, und ich nenne mich: Dein, und wenn es einst Deinem Ohr schmeichelte, das sich stolz meiner Verehrung zuneigte, so soll es jetzt wie eine Verfluchung für Dich klingen, eine Verfluchung in alle Ewigkeit. Freue Dich nicht darauf, daß es meine Absicht sein könnte, Dich zu verfolgen, oder mich mit einem Dolch zu bewaffnen, um Deinen Spott herauszufordern! Flieh wohin Du willst, ich bin dennoch Dein, zieh bis an die äußerste Grenze der Welt, ich bin dennoch Dein, liebe hundert andere, ich bin dennoch Dein, ja in der Stunde des Todes bin ich Dein. Selbst die Sprache, die ich gegen Dich führe, muß Dir beweisen, daß ich Dein bin. Du hast Dich erdreistet, einen Menschen derart zu täuschen, daß Du alles für mich wurdest, so daß ich meine ganze Freude darein setzen wollte, Deine Sklavin zu sein. Dein bin ich, Dein, Dein Fluch.

Deine Cordelia

Johannes!

Es gab einen reichen Mann, der sehr viel Vieh besaß, großes und kleines, es gab ein armes kleines Mädchen, das nur ein einziges Lamm besaß, das aus ihrer Hand aß, und aus ihrem Becher trank. Du warst der reiche

Mann, reich an allen Herrlichkeiten der Erde, ich war die Arme, die nichts besaß als ihre Liebe. Du nahmst sie, Du freutest Dich über sie; da winkte Dir die Lust, und Du opfertest das Wenige, das ich besaß, von Deinem Besitz konntest Du nichts opfern. Es gab einen reichen Mann, der sehr viel Vieh besaß, großes und kleines, es gab ein armes kleines Mädchen, das nichts besaß als seine Liebe.

Deine Cordelia

Johannes!

Gibt es wirklich keine Hoffnung mehr? Wird Deine Liebe nie mehr erwachen; denn daß Du mich geliebt hast, das weiß ich, wenn ich auch nicht weiß, was es ist, das mich davon überzeugt. Ich werde warten, auch wenn mir die Zeit dabei lang wird. Ich werde warten, warten, bis daß Du es müde bist, andere zu lieben, dann soll Deine Liebe zu mir wieder aus ihrem Grab erstehen, dann werde ich Dich lieben wie eh, Dir danken wie stets, wie ehedem, O Johannes, wie ehedem! Johannes, ist Deine herzlose Kälte mir gegenüber, ist das Dein wahres Wesen, waren Deine Liebe, Dein reiches Herz Lüge und Unwahrheit, bist Du jetzt wieder Du selbst? Habe Geduld mit meiner Liebe, vergib, daß ich fortfahre, Dich zu lieben, ich weiß, meine Liebe ist eine Bürde für Dich; aber es wird die Zeit kommen, da Du wieder zurückkehrst zu Deiner Cordelia. Deiner Cordelia. Höre dieses flehende Wort. Deiner Cordelia, Deiner Cordelia.

Deine Cordelia

Verfügte Cordelia auch nicht über den bei ihrem Johannes bewunderten Umfang, so erkennt man doch deutlich, daß sie nicht ohne Modulation war. Ihre Stimmung drückt sich deutlich in jedem einzelnen Brief aus, wenn ihr auch in gewissem Grad die Klarheit in der Darstellung fehlt. Das ist besonders im zweiten Brief der Fall, in dem man mehr ahnt als eigentlich versteht, was sie meint, aber diese Unvollkommenheit macht ihn für mich so rührend.

d. 4. April

Vorsicht, meine schöne Unbekannte! Vorsicht; aus einer Kutsche auszusteigen, ist keine leichte Angelegenheit, bisweilen ist es ein entscheidender Schritt. Ich könnte Ihnen eine Novelle von Tieck leihen, aus der Sie erfahren würden, daß sich eine Dame beim Absteigen von einem Pferd derart in eine Verwicklung verstrickte, daß dieser Schritt ihr ganzes Leben bestimmte. Gewöhnlich ist auch das Trittbrett an Kutschen so verkehrt angebracht, daß man beinahe gezwungen ist, alle Grazie aufzugeben und einen verzweifelten Sprung in die Arme von Kutscher oder Diener zu wagen. Wie haben es Kutscher und Diener doch gut; ich glaube wirklich, daß ich mir eine Stelle als Diener suche in einem Haus, in dem junge Mädchen sind; ein Diener wird leicht zum Mitwisser der Geheimnisse eines solchen kleinen Fräuleins. – Aber, um Gottes willen, springen Sie doch nicht, ich bitte Sie; es ist doch dunkel; ich werde Sie nicht stören, ich stelle mich nur unter diese Straßenlaterne, so daß es Ihnen unmöglich ist, mich zu sehen, und man ist doch immer nur in dem Grad verschüchtert, in dem man gesehen wird, aber man wird immer nur in dem Grad gesehen, in dem man sieht – also aus Sorge um den Diener, der vielleicht nicht imstand ist, einem solchen Sprung zu widerstehen, aus Sorge um das Seidenkleid, *item* aus Sorge um die Spitzenrüschen, aus Sorge um mich; lassen Sie diesen hübschen kleinen Fuß, dessen Schmalheit ich schon bewundert habe, lassen Sie ihn sich in der Welt versuchen, wagen Sie es, sich auf ihn zu verlassen, er wird schon festen Halt finden, und schaudert es Sie einen Augenblick, weil es aussieht, als suchte er vergeblich nach einem Halt, worauf er ruhen kann, ja schaudert es Sie noch, nachdem er ihn gefunden hat, so ziehen Sie schnell den anderen Fuß nach, wer wäre so grausam, Sie in dieser Stellung schweben zu lassen, wer so häßlich, der Schönheit Offenbarung so langsam zu folgen. Oder fürchten Sie sich immer noch vor einem Unbefugten, doch nicht vor dem Diener, wohl auch nicht vor mir, denn ich habe ja bereits den kleinen Fuß gesehen, und da ich Naturforscher bin, habe ich von Cuvier gelernt, daraus mit Sicherheit Schlüsse zu ziehen. Also rasch zu! Wie diese Angst Ihre Schönheit erhöht. Doch Angst an und für sich ist nicht schön, sie ist es nur, wenn man im selben Augenblick die Tatkraft sieht, die sie überwindet. So! Wie fest steht nun jetzt dieser kleine Fuß. Mir ist aufgefallen, daß Mädchen mit kleinen Füßen gewöhnlich sicherer stehen als die alltäglichen großfüßigen. – Wer hätte das gedacht? Es widerspricht jeder Erfahrung; man läuft bei weitem nicht so leicht Gefahr, daß das Kleid hängen bleibt, wenn man aussteigt anstatt herauszuspringen. Aber es ist ja stets bedenklich für junge Mädchen, in der Kutsche zu fahren. Schließlich müssen sie drinnen bleiben. Rüschen und Spitzen sind dahin, und damit ist die Sache beendet. Kein Mensch hat etwas gesehen; es zeigt sich freilich eine dunkle Gestalt, bis zu den Augen in einen Umhang gehüllt; man kann nicht erkennen, woher sie kommt, die Laterne blendet die Augen, er geht in dem Augenblick an Ihnen vorbei, in dem Sie in die Haustüre treten wollen. Genau im entscheidenden Moment fällt ein Blick von der Seite auf seinen Gegenstand. Sie erröten, die Brust wird Ihnen zu eng, um sich in einem Atemzug Luft zu machen; in Ihrem Blick liegt Verbitterung, eine stolze Verachtung; in Ihren Augen liegt eine Bitte, sind Tränen; beides ist gleich schön, ich nehme mit gleichem Recht beides entgegen; denn ich kann ebenso gut das eine wie das andere sein. Aber ich bin doch boshaft – welche Hausnummer ist es wohl? Was sehe ich, eine öffentliche Auslage von Galanteriewaren; meine unbekannte Schöne, es mag empörend von mir sein, aber ich folge dem beleuchteten Weg ... Sie hat das Geschehene vergessen, oh ja, wenn man siebzehn Jahre alt ist, wenn man in diesem glücklichen Alter ausgeht, um Einkäufe zu machen, wenn man mit jedem größeren oder kleineren Gegenstand, den man in die Hand nimmt, eine unaussprechliche Freude verbindet, da vergißt man leicht. Noch hat sie mich nicht gesehen; ich stehe abseits am anderen Ende der Theke, allein. An der gegenüberliegenden Wand hängt ein Spiegel, sie denkt nicht daran, aber der Spiegel denkt daran. Wie getreu hat er ihr Bild erfaßt, wie ein demütiger

Sklave, der seine Ergebenheit durch Treue beweist, ein Sklave, für den sie wohl von Bedeutung ist, der für sie aber ohne Bedeutung ist, der sie wohl erfassen darf, aber nicht umfassen. Der unglückliche Spiegel, der wohl ihr Bild erfassen kann, aber nicht sie selbst, der unglückliche Spiegel, der ihr Bild nicht als sein Geheimnis verbergen, es vor der ganzen Welt verstecken kann, der es im Gegenteil nur anderen verraten kann, wie jetzt mir. Welche Qual, wäre ein Mensch so geschaffen. Und gibt es nicht doch viele Menschen, die so sind, die nur in dem Augenblick etwas besitzen, da sie es anderen zeigen, die nur die Oberfläche erfassen, nicht das Wesen, die alles verlieren, wenn dieses sich zeigt, so wie dieser Spiegel ihr Bild verlieren würde, wenn sie ihm mit einem einzigen Atemzug ihr Herz verraten würde. Und wenn ein Mensch nicht imstande wäre, selbst im Augenblick der Gegenwart ein Bild der Erinnerung zu besitzen, dann müßte er doch stets wünschen, Abstand von der Schönheit zu haben, ihr nicht so nahe zu sein, daß das irdische Auge nicht sehen kann, wie schön das ist, was es umfaßt hält, und was das äußerliche Auge verloren hat, aber wieder gewinnen kann für den äußerlichen Anblick, indem er es von sich entfernt, das er aber auch dann vor dem Auge der Seele haben kann, wenn er den Gegenstand nicht sehen kann, weil er ihm zu nahe ist, wenn Lippe auf Lippe liegt... Wie schön sie doch ist! Armer Spiegel, es muß eine Qual sein, gut, daß du keine Eifersucht kennst. Ihr Kopf zeigt ein vollkommenes Oval, sie beugt ihn ein wenig vor, dadurch wirkt die Stirn erhöht, die sich rein und stolz erhebt, ohne jegliches Abzeichnen von Organen des Verstandes. Ihr dunkles Haar schmiegt sich zart und weich um ihre Stirn. Ihr Gesicht ist wie eine Frucht, jeder Übergang voll gerundet; ihre Haut ist durchsichtig, wie Samt anzurühren, das fühle ich mit meinen Augen. Ihre Augen – ja, sie habe ich noch nicht gesehen, sie sind hinter einem Lid mit seidigen, wie Haken gebogenen Wimpern verborgen, gefährlich für den, der ihrem Blick begegnen wird. Ihr Haupt ist das einer Madonna, von Reinheit und Unschuld geprägt; wie eine Madonna beugt sie sich nieder, aber sie ist nicht in den Anblick des Einen versunken; ihr Gesichtsausdruck wechselt. Das, was sie betrachtet, ist das Mannigfaltige, das Mannigfaltige, über das irdische Pracht und Herrlichkeit einen Abglanz wirft. Sie zieht die Handschuhe aus, um dem Spiegel und mir die rechte Hand zu zeigen, weiß und wohlgeformt wie eine Antike, ohne jeden Schmuck, nicht einmal einem schmalen Goldreif am vierten Finger – bravo! – Sie schlägt die Augen auf, wie verändert ist alles und doch dasselbe, die Stirn nicht ganz so hoch, das Angesicht nicht ganz so regelmäßig oval, aber lebendiger. Sie spricht mit dem Verkäufer, sie ist munter, froh, gesprächig. Sie hat bereits ein, zwei, drei Dinge ausgewählt, sie nimmt ein viertes, hält es in ihrer Hand, ihre Augen senken sich wieder, sie fragt, was es kostet, legt es beiseite unter die Handschuhe, es muß wohl eine Heimlichkeit sein, bestimmt für einen Liebsten? – aber sie ist ja nicht verlobt – ach, es gibt viele, die nicht verlobt sind und doch einen Liebsten haben, viele, die verlobt sind und doch keinen Liebsten haben ... Sollte ich sie aufgeben? Sollte ich sie ungestört ihrer

Freude überlassen? . . . sie will bezahlen, aber sie hat ihre Geldbörse verloren . . . vermutlich gibt sie ihre Adresse an, die ich nicht hören möchte, ich möchte mich nicht der Überraschung berauben, gewiß werde ich ihr im Leben wieder begegnen, ich werde sie erkennen und vielleicht auch sie mich, meinen Seitenblick vergißt man nicht so leicht. Wenn ich dann überrascht bin, sie in einer Umgebung zu treffen, in der ich es nicht erwartete, dann ist sie an der Reihe. Erkennt sie mich nicht, überzeugt mich ihr Blick nicht sofort davon, so bietet sich wohl die Gelegenheit, sie von der Seite her anzusehen, ich verspreche, sie wird sich an die Situation erinnern. Keine Ungeduld, keine Begierde, alles will in langsamen Zügen genossen sein; sie ist ausersehen, sie soll auch eingebracht werden.

d. 5.

Das habe ich gern: abends allein auf der Östergade. Ja, ich sehe wohl den Diener, der Ihnen folgt, glauben Sie nicht, daß ich deshalb schlecht von Ihnen denke, weil Sie ganz alleine gehen wollen, glauben Sie nicht, daß ich so unerfahren bin, daß ich, bei meiner Kenntnis der Situation, nicht sogleich die ernste Gestalt beobachtet hätte. Aber weshalb eilen Sie so? Man hat doch etwas Angst, man fühlt ein gewisses Herzklopfen, was seinen Grund nicht in dem ungeduldigen Verlangen hat, nach Hause zu kommen, sondern in der ungeduldigen Furcht, die mit süßer Unruhe durch alle Glieder strömt, und deshalb der eilige Takt der Füße. – Aber es ist doch prächtig, sozusagen unbezahlbar, alleine zu gehen – den Diener hinter sich . . . Man ist sechzehn

Jahre alt, man liest, das heißt man liest Romane, man hat, als man zufällig durch das Zimmer der Brüder ging, eine Bemerkung aus einem Gespräch zwischen ihnen und ihren Bekannten aufgeschnappt, eine Bemerkung über die Östergade. Später ist man mehrmals durchgehuscht, um möglichst noch näheren Aufschluß zu erhalten. Vergeblich. Man muß sich doch, wie es sich für ein großes und erwachsenes Mädchen geziemt, in der Welt auskennen. Wenn es sich nur ohne weiteres einfach machen ließe, mit dem Diener im Gefolge auszugehen. Danke ergebenst! Vater und Mutter würden wohl ein schönes Gesicht machen, und welchen Grund könnte man auch angeben? Wenn man auf eine Gesellschaft geht, bietet sich keine Möglichkeit, es ist etwas zu früh, denn ich hörte August sagen, so gegen neun oder zehn Uhr; wenn man nach Hause muß, ist es zu spät, und meistens hat man einen Kavalier als Anhängsel. Donnerstagabend, wenn wir aus dem Theater kommen, böte im Grund eine prächtige Gelegenheit, aber dann muß man immer in der Kutsche fahren und Frau Thomsen und ihre liebenswürdigen Cousinen werden mit hineingepackt; führe man doch alleine, so könnte man das Fenster herunterlassen und etwas hinaussehen. Doch unverhofft kommt oft. Heute sagte Mutter zu mir: »Du wirst wahrscheinlich mit Deiner Handarbeit zu Vaters Geburtstag nicht fertig, um ganz ungestört zu sein, kannst Du zu Tante Jette gehen und bis zur Teezeit bei ihr bleiben, Jens kommt dann und holt Dich ab.« An sich war das eigentlich keine so angenehme Nachricht, denn bei Tante Jette ist es äußerst langweilig; aber dann kann ich um neun Uhr mit dem Diener allein nach Hause gehen. Wenn Jens dann kommt, muß er bis viertel nach neun Uhr warten, und dann los. Würde ich nur meinem Herrn Bruder oder Herrn August begegnen – das wäre vielleicht doch nicht wünschenswert, man würde mich vermutlich nach Hause begleiten. – Danke, wir möchten lieber frei sein, die Freiheit – aber falls ich sie erblicken könnte, ohne daß sie mich sehen –. Nun, mein kleines Fräulein, was sehen Sie da, und was glauben Sie, was ich sehe? Zuerst einmal die kleine Mütze, die Sie aufhaben, sie steht Ihnen vortrefflich und harmonisiert ganz mit der Hast Ihres Auftretens. Es ist kein Hut, auch keine Haube, eher eine Art Kapuze. Aber Sie können sie unmöglich heute morgen, als Sie ausgingen, aufgehabt haben. Sollte der Diener sie mitgebracht haben, oder Sie haben sie sich von Tante Jette geliehen? Vielleicht sind Sie incognito. – Den Schleier sollte man auch nicht ganz herunterziehen, wenn man Beobachtungen anstellen möchte. Oder ist es vielleicht gar kein Schleier, sondern nur eine breite Spitze? Man kann es im Dunklen nicht feststellen. Was es auch sein mag, es verbirgt die obere Hälfte des Gesichts. Das Kinn ist recht schmuck, etwas zu spitz; der Mund klein, leicht geöffnet; das kommt davon, daß Sie zu schnell gehen. Ihre Zähne – weiß wie Schnee. So soll es sein. Die Zähne sind von äußerster Wichtigkeit, sie sind eine Leibwache, die sich hinter der verführerischen Weichheit der Lippen verbirgt. Die Wangen blühen vor Gesundheit. – Wenn man den Kopf ein wenig zur Seite neigt, wäre es schon möglich, unter diesen Schleier oder diese Spitze vorzudringen. Nehmen Sie sich in acht, ein solcher Blick von unten ist gefährlicher als einer geradeaus. Es ist wie beim Fechten; und welche Waffe ist wohl so scharf, so durchdringend, in der Bewegung so blitzend und dabei so trügerisch wie ein Auge. Man täuscht deutlich Quart vor, wie der Fechter sagt, und fällt mit Second aus; je hurtiger der Ausfall auf die Markierung zu folgen vermag, desto besser. Das blitzschnelle Markieren ist ein unbeschreiblicher Augenblick. Der Gegner fühlt gleichsam den Hieb, er ist getroffen, ja, das ist richtig, aber an einer ganz anderen Stelle als er glaubte ... Unverdrossen schreitet sie weiter, ohne Furcht und ohne Fehl. Nehmen Sie sich in acht; dort kommt jemand; ziehen Sie den Schleier herunter, lassen Sie sich nicht von seinem profanen Blick beschmutzen; Sie haben keine Vorstellung davon, für lange Zeit würde es Ihnen vielleicht unmöglich sein, die widerwärtige Angst zu vergessen, von der Sie berührt wurden. Sie bemerken nicht, ich hingegen wohl, daß er die Situation erkannt hat. Der Diener ist als nächster Gegenstand ausersehen. – Ja, da sehen Sie nun die Folgen davon, abends alleine mit dem Diener auszugehen. Der Diener ist hingefallen. Im Grunde ist das lächerlich, aber was werden Sie jetzt tun. Zurückgehen und ihm behilflich zu sein, aufzustehen, das geht nicht, mit einem beschmutzten Diener zu gehen, ist unbehaglich, alleine zu gehen, bedenklich. Nehmen Sie sich in acht, das Ungeheuer nähert sich ... Sie antworten mir nicht, sehen mich nur an, läßt mein Äußeres Sie etwas befürchten? Ich mache überhaupt keinen Eindruck auf Sie, ich sehe aus wie ein gutmütiges Wesen von einer ganz anderen Welt. Es gibt nichts in meiner Rede, das Sie stört, nichts, das Sie an die Situation erinnert, keine Bewegung, die Ihnen im entferntesten zu nahe treten könnte. Da ist noch etwas Angst, Sie haben noch nicht jenes auf Sie Zustürzen der unheimlichen Gestalt vergessen. Sie empfinden eine gewisse Güte für mich, meine Verlegenheit, die mir verbietet, Sie anzusehen, gibt Ihnen die Übermacht. Das freut Sie und macht Sie sicher. Sie könnten fast versucht sein, mich ein wenig zum besten zu halten. Ich möchte wetten, in diesem Augenblick hätten Sie den Mut, sich bei mir einzuhängen, wenn Ihnen der Gedanke käme... Also in der Stormgade wohnen Sie. Sie verneigen sich kühl und flüchtig vor mir. Habe ich das verdient, ich, der Ihnen aus der ganzen Unannehmlichkeit herausgeholfen hat? Sie bereuen es, wenden sich zurück, danken mir für meine Artigkeit und reichen mir Ihre Hand – weshalb erbleichen Sie? Ist meine Stimme nicht unverändert, meine Haltung die gleiche, mein Auge ebenso ruhig und unverändert? Dieser Händedruck? Kann denn ein Händedruck etwas bedeuten? Ja, viel, ungemein viel, mein kleines Fräulein. Innerhalb von vierzehn Tagen werde ich Ihnen alles erklären, bis dahin verbleiben Sie im Widerspruch: Ich bin ein gutmütiger Mensch, der wie ein Ritter einem jungen Mädchen zu Hilfe kommt, und zugleich kann ich Ihre Hand auf eine alles andere als gutmütige Art drücken. –

d. 7. April

»Also, am Montag um ein Uhr in der Ausstellung.« Sehr gut, ich werde die Ehre haben, mich ein Viertel vor ein Uhr einzufinden. Ein kleines Stelldichein. Letzten Sonnabend entschloß ich mich kurzerhand, meinem vielgereisten Freund Adolph Bruun einen Besuch zu machen. Zu diesem Zweck begab ich mich nachmittags gegen sieben Uhr in die Vestergade, wo er, wie man mir gesagt hatte, wohnen sollte. Er war indessen nicht zu finden, auch nicht in der dritten Etage, auf der ich ganz außer Atem anlangte. Als ich die Treppen wieder heruntergehen will, berührt mein Ohr eine melodische Frauenstimme, die halblaut sagt: »Also, am Montag um ein Uhr in der Ausstellung, um die Zeit gehen die anderen aus, aber Du weißt, ich wage es nicht, Dich hier zu Hause zu treffen.« Die Einladung galt nicht mir, sondern einem jungen Mann, der eins, zwei, drei aus der Tür war, so schnell, daß nicht einmal meine Augen, geschweige denn meine Beine ihn erreichen konnten. Warum gibt es denn keine Gasbeleuchtung auf den Treppen, dann hätte ich doch wenigstens feststellen können, ob sich die Mühe lohnt, so pünktlich zu sein. Hätte es jedoch Gaslicht gegeben, so hätte ich vielleicht nichts gehört. Das Bestehende ist doch das Vernünftige, ich bin und bleibe Optimist . . . Wer ist es nun? Auf der Ausstellung wimmelt es von jungen Mädchen, um Donna Annas Worte zu gebrauchen. Die Uhr zeigt genau ein Viertel vor ein Uhr. Meine schöne Unbekannte! Möchte doch Ihr Zukünftiger ebenso pünktlich sein wie ich, oder möchten Sie lieber, daß er nie eine Viertelstunde zu früh da ist, wie Sie wollen, ich stehe auf jeden Fall zu Diensten . . . »Bezaubernde Zauberin, Fee oder Hexe, laß Deinen Nebel verschwinden«, offenbare Dich, Du bist sicherlich schon zur Stelle, aber unsichtbar für mich, verrate Dich, denn sonst wage ich nicht, eine Offenbarung zu erwarten. Sollten vielleicht mehrere in der gleichen Angelegenheit hier oben sein wie Sie? Schon möglich. Wer kennt des Menschen Wege, selbst wenn er in eine Ausstellung geht. – – Dort, im ersten Raum, kommt ja ein junges Mädchen, eilig, hurtiger als der Teufel hinter der armen Seele her ist. Sie vergißt ihre Eintrittskarte abzugeben. Der Aufseher hält sie an. Mein Gott! Wie hastig sie ist! Das muß sie sein. Wozu dieses unzeitige Ungestüm, die Uhr zeigt noch nicht ein Uhr, denken Sie doch daran, daß Sie den Geliebten treffen sollen; ist es bei einer solchen Gelegenheit ganz gleichgültig, wie man aussieht, oder gilt hier, wie es heißt, daß man sich von der besten Seite zeigen soll. Wenn ein so junges unschuldiges Blut eine Verabredung hat, packt es die Sache blindwütig an. Sie ist ganz verlegen. Ich dagegen sitze hier in aller Gemächlichkeit auf meinem Stuhl und betrachte die hübsche Ansicht einer ländlichen Gegend ... Sie ist ein Teufelsmädchen. Sie stürmt durch alle Räume. Sie sollten doch trachten, Ihre Begierde etwas zu verbergen, denken Sie daran, was man Jungfer Lisbeth sagte: »Ziemt es sich für ein junges Mädchen, so begierig zu sein, zusammen zu kommen?« Nun, das versteht sich, ihr Stelldichein gehört zu den harmlosen ... Ein Stelldichein wird im allgemeinen von den Liebenden als der schönste Augenblick angesehen. Ich selbst erinnere mich noch so deutlich, als wäre es gestern gewesen, an das erste Mal, als ich zu der verabredeten Stelle eilte, mit einem Herzen ebenso reich an Freude wie unerfahren in der Freude, die mich erwartete, an das erste Mal, als ich dreimal anklopfte, an das erste Mal, als sich ein Fenster öffnete, an das erste Mal, als ein kleines Pförtchen von unsichtbarer Hand von einem Mädchen aufgeschlossen wurde, das sich dabei verbarg, als es öffnete, an das erste Mal, als ich ein Mädchen unter meinem Mantel in der hellen Sommernacht verbarg. Aber es mischt sich viel Illusion in dieses Urteil. Der stille Dritte findet nicht immer, daß die Liebenden in diesem Augenblick am schönsten sind. Ich war Zeuge von Stelldicheins, bei denen, obwohl das Mädchen anmutig und der Mann schön war, der gesamte Eindruck fast widerwärtig war, und das Treffen selbst weit davon entfernt, schön zu sein, wenn es den Liebenden auch so vorkommen mochte. Wenn man mehr Erfahrung hat, gewinnt man in gewisser Weise: zwar verliert man die süße Unrast der ungeduldigen Sehnsucht, aber man gewinnt die Haltung, den Augenblick wirklich schön zu gestalten. Es ärgert mich, wenn ich sehe, wie ein Mann bei einer solchen Gelegenheit so verwirrt ist, daß er vor barer Verliebtheit ein *delirium tremens* bekommt. Was verstehen diese Menschen schon von den feineren Genüssen des Lebens. Statt genügend Besinnlichkeit zu zeigen, um ihre Unruhe zu nutzen, um ihre Schönheit aufflammen zu lassen und sie zu durchglühen, bringt er nur eine unschöne Konfusion zustande, und dennoch geht er froh nach Hause, bildet sich ein, daß es etwas Herrliches war . . . Aber wo zum Teufel bleibt der Mensch. Die Uhr geht auf zwei. Ja, das ist mir ein vortreffliches Völkchen, diese Verliebten. Läßt so ein junger Schlingel ein junges Mädchen auf sich warten. Nein, da bin ich ein ganz anderer, zuverlässiger Mensch. Es wird das beste sein, sie anzusprechen, wenn sie jetzt das fünfte Mal an mir vorbeikommt. »Verzeihen Sie meine Dreistigkeit, schönes Fräulein, Sie suchen gewiß Ihre Familie hier oben, Sie sind mehrere Male schnell an mir vorbeigegangen, und als ich Ihnen mit meinen Augen folgte, bemerkte ich, daß Sie stets am vorletzten Saal anhielten, vielleicht ist Ihnen nicht bekannt, daß es noch einen weiteren Raum gibt, vielleicht finden Sie dort die, die Sie suchen.« Sie verneigt sich vor mir, es steht ihr gut. Die Gelegenheit ist günstig. Es freut mich, daß der Mensch nicht kommt, man fischt immer besser in aufgewühlten Wassern; wenn ein junges Mädchen in Gemütsbewegung ist, kann man mit Glück viel wagen, was sonst mißglücken würde. Ich habe mich so höflich und so unbeteiligt wie möglich vor ihr verbeugt, ich sitze wieder auf meinem Stuhl, betrachte meine Landschaft und halte ein Auge auf sie. Sofort zu folgen, wäre zu viel gewagt, ich könnte aufdringlich erscheinen, und dann wäre sie sofort auf der Hut. Sie ist jedoch der Meinung, daß ich sie aus Anteilnahme ansprach, und ich bin gut angeschrieben. – Es befindet sich keine Menschenseele in dem letzten Raum, das weiß ich genau. Die Einsamkeit wird günstig auf sie wirken; solange sie viele Menschen um sich sieht, ist sie unruhig, wenn sie allein ist, wird sie sich wohl beruhigen. Ganz richtig, sie bleibt dort drinnen. Wenig später komme ich *en passant* vorbei; ich habe doch ein Recht auf eine Antwort, sie schuldet mir ja so etwas wie einen Gruß. – Sie hat sich hingesetzt. Armes Mädchen, sie schaut so wehmütig drein, ich glaube, sie hat geweint, zumindest Tränen in den Augen gehabt. Es ist empörend, bei einem solchen Mädchen Tränen zu verursachen. Aber sei still, du sollst gerächt werden, ich werde dich rächen, er soll kennenlernen, was es heißt zu warten. – Wie schön sie jetzt ist, nachdem sich die verschiedenen Böen gelegt haben und sie in einer Stimmung ruht. Ihr Wesen ist Wehmut und des Schmerzens Harmonie. Sie ist wirklich einnehmend. Sie sitzt dort im Reisekleid, und doch war ja nicht sie es, die reisen sollte, sie zog es an, um nach der Freude auszuziehen, jetzt ist es eine Bezeichnung für ihren Schmerz, denn sie ist wie eine, die die Freude verlassen hat. Sie sieht aus, als habe sie für immer vom Liebsten Abschied genommen. Laß ihn fahren. Die Situation ist günstig, der Augenblick winkt. Jetzt gilt es, mich so auszudrücken, daß es aussieht, als sei ich der Meinung, sie suche ihre Familie oder eine Gesellschaft hier oben, und doch gleichzeitig so warm, daß jedes Wort auf ihre Gefühle zutrifft, so bekomme ich Gelegenheit, mich in ihre Gedanken einzuschleichen. – – – – Doch der Teufel soll den Schlingel holen, kommt dort nicht ein Mensch angestiefelt, ohne jeden Zweifel ist er es. Nun seht euch den Tölpel an, jetzt, da ich die Situation gerade dorthin gebracht habe, wo ich sie haben wollte. Nun ja, etwas wird man daraus retten können. Ich muß ihr Verhältnis berühren, mich in die Situation einbeziehen lassen. Als sie mich sieht, muß sie unwillkürlich über mich lächeln, weil ich annahm, sie suchte ihre Familie hier oben, während sie ganz etwas anderes suchte. Dieses Lächeln macht mich zu ihrem Mitwisser, das ist immerhin etwas. – Tausend Dank, mein

Kind, dieses Lächeln ist mir mehr wert als Du glaubst, es ist der Anfang, und der Anfang ist immer das Schwerste. Jetzt sind wir Bekannte, unsere Bekanntschaft beruht auf einer pikanten Situation, mir genügt das bis auf weiteres. Länger als noch eine Stunde bleiben Sie wohl kaum hier oben, in zwei Stunden weiß ich, wer Sie sind, wofür, glauben Sie, führt die Polizei Einwohnerlisten.

d. 9.

Bin ich blind geworden? Hat der Seele inneres Auge seine Kraft verloren? Ich habe sie gesehen, aber es ist, als hätte ich eine himmlische Offenbarung gesehen, so vollständig ist ihr Bild wieder für mich verschwunden. Vergeblich biete ich alle Kräfte meiner Seele auf, um ihr Bild hervorzuzaubern. Sollte ich sie irgendwo wiedersehen, so werde ich sie, und befände sie sich unter Hunderten, augenblicklich wiedererkennen. Nun ist sie fortgeflogen, und das Auge meiner Seele versucht vergeblich, sie mit seiner Sehnsucht einzuholen. – Ich ging die Langelinie entlang, scheinbar nachlässig und ohne auf meine Umgebung zu achten, obgleich mein spähender Blick nichts unbeachtet ließ, da fiel mein Blick auf sie. Er heftete sich unbewegt auf sie, er gehorchte nicht mehr dem Willen seines Herrn; es war mir unmöglich, eine Bewegung damit zu machen, um den Gegenstand zu erfassen, den ich sehen sollte, ich sah nicht, ich stierte. Wie ein Fechter, der im Ausfall verharrt, so blieb mein Auge unverändert, versteinert in der anfangs eingenommenen Richtung. Es war mir unmöglich, den Blick niederzuschlagen, unmöglich, ihn in mich zurückzuziehen, unmöglich zu sehen, weil ich allzuviel sah. Das einzige, das ich mir gemerkt habe, ist, daß sie einen grünen Mantel trug, das ist alles, man kann das die Wolke statt Juno zu fangen nennen; sie ist mir entschlüpft wie Joseph Potiphars Frau, und hat nur ihren Mantel zurückgelassen. Sie wurde von einer älteren Dame begleitet, die aussah, als sei sie ihre Mutter. Sie kann ich von Kopf bis Fuß beschreiben, und das, obgleich ich sie eigentlich überhaupt nicht ansah, sie höchstens *en passant* mit einschloß. So geht das. Das Mädchen, das Eindruck auf mich machte, habe ich vergessen, an die andere, die keinen Eindruck auf mich gemacht hat, an sie erinnere ich mich.

d. 11.

Noch ist meine Seele verstrickt in denselben Widerspruch. Ich weiß, daß ich sie gesehen habe, aber ich weiß auch, daß ich es wieder vergessen habe, doch derart, daß der Rest Erinnerung, der zurückgeblieben ist, nicht erquickt. Mit einer Unruhe und einer Heftigkeit, als stünde mein Wohl auf dem Spiel, fordert meine Seele dieses Bild und doch zeigt es sich nicht, ich könnte mir meine Augen ausreißen, um sie für ihre Vergeßlichkeit zu strafen. Wenn ich dann voller Ungeduld getobt habe, wenn es still in mir wird, dann ist es, als webten Ahnung und Erinnerung ein Bild, das dennoch keine Gestalt für mich annehmen kann, weil ich es nicht dazu bringen kann, im Zusammenhang still zu stehen, es ist wie ein Muster in einem feinen Gewebe, das Muster ist heller als der Grund, allein kann man es nicht sehen, dafür ist es zu hell. – Man befindet sich in einem wunderlichen Zustand, und doch hat er seine Annehmlichkeit, einmal in sich selbst, aber auch weil er mir beweist, daß ich noch jung bin. Das kann mich auch eine andere Betrachtung lehren, und zwar die, daß ich stets meine Beute unter den jungen Mädchen suche, nicht unter den jungen Frauen. Eine Frau ist weniger natürlich, eher kokett. Das Verhältnis zu ihr ist nicht schön, nicht interessant, es ist pikant, und das Pikante ist immer das letzte. Ich hatte nicht erwartet, daß ich imstande sein würde, wieder die ersten Früchte der Verliebtheit zu kosten. Ich bin untergetaucht worden in Verliebtheit, mir passierte, was die Schwimmer untergeduckt werden nennen, kein Wunder, daß ich leicht betäubt bin. Um so besser, desto mehr verspreche ich mir von diesem Verhältnis.

d. 14.

Ich erkenne mich selbst kaum. Meine Sinne brausen wie ein aufgerührtes Meer im Sturm der Leidenschaft. Wenn ein anderer meine Seele in diesem Zustand sehen könnte, käme es ihm vor, als bohrte sie sich wie eine Jolle mit der Spitze ins Meer, als müßte sie in ihrer grauenvollen Fahrt in die Tiefe des Abgrundes steuern. Er sieht nicht, daß oben im Mast ein Matrose sitzt und Ausschau hält. Braust auf, ihr wilden Kräfte, rührt euch, ihr Mächte der Leidenschaft, wenn auch euer Wellenschlag den Schaum gegen die Wolken spritzt, ihr vermögt doch nicht, euch über mein Haupt zu türmen; ich sitze ruhig wie der Klintekong.

Ich kann kaum Halt finden, wie ein Wasservogel versuche ich vergebens, mich auf das aufgerührte Meer meiner Sinne niederzulassen. Und doch, ein solcher Aufruhr ist mein Element, ich baue darauf, so wie die *Alcedo ispida* ihr Nest auf dem Meer baut.

Die Truthähne brausen auf, wenn sie rot sehen, mir geht es so, wenn ich grün sehe, jedesmal, wenn ich einen grünen Mantel sehe; und da mein Auge mich oft betrügt, scheitern bisweilen alle meine Erwartungen an einem Krankenträger vom Frederik-Hospital.

d. 20.

Man muß sich bescheiden, das ist eine Hauptbedingung für jeglichen Genuß. Es sieht nicht so aus, daß ich sobald Aufschlüsse über das Mädchen erhielte, das meine Seele und alle meine Gedanken so sehr erfüllt, daß die Entbehrung genährt wird. Ich will mich jetzt ganz ruhig verhalten, denn auch dieser Zustand, die dunkle und unbestimmte, aber doch starke Regung, hat seine Süßigkeit. Ich bin immer gern in einer mondklaren Nacht in einem Boot gelegen, draußen auf dem einen oder anderen unserer schönen Binnenseen. Ich ziehe dann die Segel ein, die Ruder hoch, lasse das Steuer frei und lege mich der Länge nach hin und sehe hinauf in das Himmelsgewölbe. Wenn die Wellen das Boot an ihrer Brust wiegen, wenn die Wolken stark vom Wind getrieben werden, so daß der Mond für einen Augenblick verschwindet und sich dann wieder zeigt, dann finde ich Ruhe in dieser Unruhe; die Bewegung der Wellen schläfert mich ein, ihr Schlag gegen das Boot ist ein einförmiges Wiegenlied, das hastige Treiben der Wolken, der Wechsel von Licht und Schatten berauschen mich, so daß ich wachend träume. So lege ich mich auch jetzt hin, ziehe die Segel, ziehe die Ruder ein. Sehnsucht und ungeduldige Erwartung schaukeln mich in ihren Armen; Sehnsucht und Erwartung werden stiller und stiller, seliger und seliger: sie umsorgen mich wie ein Kind, über mir wölbt sich der Hoffnung Himmel, ihr Bild schwebt an mir vorbei wie das des Mondes; unbestimmt, bald mich mit seinem Licht blendend, bald mit seinen Schatten. Welch ein Genuß, auf einem bewegten Wasser so dahin zu treiben – welch ein Genuß, in sich selbst bewegt zu werden.

d. 21.

Die Tage gehen dahin, noch bin ich genauso weit. Die jungen Mädchen erfreuen mich mehr denn je, und doch habe ich keine Lust, zu genießen. Überall suche ich sie. Das macht mich oft ungerecht, benebelt meinen Blick, reibt meinen Genuß auf. Jetzt kommt bald die schöne Zeit, während der man bei dem öffentlichen Treiben in den Gassen und Straßen kleine Forderungen präsentiert, die man sich im Winter im gesellschaftlichen Leben teuer genug bezahlen läßt; denn ein junges Mädchen kann viel vergessen, aber nicht eine Situation. Das gesellschaftliche Leben bringt einen zwar in Berührung mit dem schönen Geschlecht, aber es bringt nichts, dort eine Affäre zu beginnen. In der Gesellschaft ist jedes junge Mädchen gewappnet, die Situation dürftig, und es kommt wieder und wieder vor, daß es keine wollüstige Erschütterung empfindet.

Auf der Straße ist sie auf offener See und deshalb wirkt alles stärker, alles ist gleichsam rätselhafter. Ich gebe 100 Taler für das Lächeln eines jungen Mädchens bei einer Begegnung auf der Straße, keine 10 Taler für einen Händedruck auf einer Gesellschaft, das sind ganz und gar unterschiedliche Münzen. Wenn die Affäre im Gang ist, dann sucht man die Betreffende in der Gesellschaft. Man hat eine heimliche Verbindung zu ihr, das verlockt, es ist der wirksamste Anreiz, den ich kenne. sie wagt nicht, darüber zu sprechen, und doch denkt sie daran; sie weiß nicht, hat man es vergessen oder nicht; bald führt man sie auf diese, bald auf jene Weise in die Irre. In diesem Jahr sammele ich nicht viel ein, dieses Mädchen beschäftigt mich zu stark. Meine Ausbeute bleibt in gewissem Sinn arm, dafür aber habe ich Aussicht auf den großen Gewinn.

d. 5.

Verdammter Zufall! Nie habe ich dich verwünscht, weil du dich gezeigt hast, ich verwünsche dich, weil du dich überhaupt nicht zeigst. Oder soll das vielleicht eine neue Erfindung von dir sein, unbegreifliches Wesen, unfruchtbare Mutter des Alls, der einzige Rest, der übrig blieb von jener Zeit, da die Notwendigkeit die Freiheit gebar, da die Freiheit sich wieder in den Mutterleib zurücknarren ließ? Verdammter Zufall! Du mein einziger Mitwisser, das einzige Wesen, das ich für würdig erachte, mein Verbündeter und mein Feind zu sein, allzeit dir selbst gleich in der Ungleichheit, allzeit unbegreiflich, allzeit ein Rätsel. Du, den ich liebe mit der ganzen Sympathie meiner Seele, nach dessen Bild ich mich selbst schaffe, warum zeigst du dich nicht? Ich bettle nicht, ich flehe dich nicht demütig an, daß du dich so oder so zeigen mögest, eine derartige Gottesverehrung wäre ja Götzenverehrung, dir nicht wohlgefällig. Ich fordere dich zum Kampf heraus, warum zeigst du dich nicht? Oder ist die Unruhe im Weltgebäude stehengeblieben, ist dein Rätsel gelöst, so daß auch du dich in das Meer der Ewigkeit gestürzt hast? Schrecklicher Gedanke, so steht die Welt vor Langweiligkeit still! Verdammter Zufall, ich erwarte dich. Ich will dich nicht durch Prinzipien besiegen oder mit dem, was törichte Leute Charakter nennen, nein, ich will dich dichten. Ich will nicht ein Dichter für andere sein; zeige dich, ich dichte dich, ich esse mein eigenes Gedicht, und das ist meine Speise. Oder hältst du mich für nicht würdig? So wie eine Bajadere zur Ehre des Gottes tanzt, so habe ich mich deinem Dienst geweiht; leicht, dünn bekleidet, geschmeidig, unbewaffnet entsagte ich allem; ich besitze nichts, ich begehre keinen Besitz, ich liebe nichts, ich habe nichts zu verlieren, aber bin ich damit nicht dir würdiger geworden, dir, der du längst schon dessen überdrüssig bist, den Menschen zu entreißen, was sie lieben, überdrüssig ihrer feigen Seufzer und feigen Bitten. Überrasche mich, ich bin bereit, ohne Einsatz, laß uns um die Ehre kämpfen. Zeige sie mir, zeige mir eine Möglichkeit, die eine Unmöglichkeit zu sein scheint, zeige sie mir in den Schatten der Unterwelt, ich werde sie heraufholen, laß sie mich hassen, mich verachten, gleichgültig gegen mich sein, einen anderen lieben, ich fürchte nichts; aber bewege das Wasser, beende die Stille. Mich derart auszuhungern ist erbärmlich von dir, der du dir doch einbildest, stärker zu sein als ich.

d. 6. Mai

Der Frühling ist da; alles sprießt hervor, auch die jungen Mädchen. die Mäntel werden beiseite gelegt, vermutlich wurde mein grüner auch weggehängt. Das sind die Folgen, wenn man die Bekanntschaft eines Mädchens auf der Straße macht statt auf einer Gesellschaft, auf der man sofort ihren Namen erfahren kann, aus welcher Familie sie ist, wo sie wohnt, ob sie verlobt ist. Letzteres ist eine höchst wichtige Aufklärung für alle besonnenen und beständigen Freier, denen es nie einfiele, sich in ein verlobtes Mädchen zu verlieben. Ein solcher Paßgänger käme in tödliche Bedrängnis, wenn er an meiner Stelle wäre. Er wäre vollkommen vernichtet, wenn seine Bestrebungen um Aufklärung von Erfolg gekrönt würden und der Zugabe, daß sie verlobt sei. Das bekümmert mich indessen nicht weiter. Eine Verlobte ist nur eine komische Schwierigkeit. Ich fürchte weder komische noch tragische Schwierigkeiten; die einzigen, die ich fürchte, sind die langweiligen. Bis jetzt habe ich nicht eine einzige Aufklärung zuwege gebracht, und das, obwohl ich gewiß nichts unversucht gelassen und manches Mal die Wahrheit des Dichterworts gespürt habe:

nox et hiems longaeque viae, saevique dolores
mollibus his castris, et labor omnis inest.

Vielleicht ist sie gar nicht aus dieser Stadt, vielleicht ist sie vom Land, vielleicht, vielleicht, ich könnte rasend werden über all diesen Vielleicht, und je rasender ich werde, desto mehr Vielleicht. Ich habe immer Geld bereit liegen, um jederzeit eine Reise antreten zu können. Vergebens suche ich sie im Theater, im Konzert, auf Bällen, auf Promenaden. Das freut mich in gewisser Hinsicht; ein junges Mädchen, das oft an solchen Vergnügungen teilnimmt, ist es im allgemeinen nicht wert, erobert zu werden; ihr fehlt meistens die Ursprünglichkeit, die für mich *conditio sine qua non* ist und bleibt. Es ist nicht so unbegreiflich, unter den Zigeunern eine Preciosa zu finden wie auf dem Tanzboden, auf dem man die jungen Mädchen feilbietet – in aller Unschuld, Gott bewahre, wer würde etwas anderes sagen!

d. 12.

Nun, mein Kind, weshalb blieben Sie nicht ganz ruhig im Hauseingang stehen? Dagegen gibt es gar nichts einzuwenden, daß ein junges Mädchen sich im Regen in einem Hauseingang unterstellt. Das tue ich auch, wenn ich ohne Schirm bin, mitunter auch, wenn ich ihn dabei habe, wie zum Beispiel jetzt. Außerdem könnte ich mehrere ehrenhafte Damen nennen, die keine Bedenken hatten, es zu tun. Man verhält sich ganz ruhig, wendet den Rücken zur Straße, so können die Vorübergehenden nicht einmal wissen, ob man dort steht oder im Begriff ist, in das Haus zu gehen. Hingegen ist es unvorsichtig, sich hinter der Tür zu verstecken, wenn sie halb offen steht, hauptsächlich der Folgen wegen; denn je mehr man sich versteckt, desto unbehaglicher ist es, überrascht zu werden. Hat man sich indessen versteckt, so verhält man sich ganz still, befiehlt sich seinem guten Geist und aller Engel Obhut an; vor allem vermeide man, nach draußen zu blicken – um festzustellen, ob der Regen aufgehört hat. Will man sich nämlich dessen vergewissern, macht man einen entschlossenen Schritt vorwärts und sieht ernst nach dem Himmel. Steckt man hingegen etwas neugierig, verlegen, ängstlich, unsicher den Kopf heraus, zieht ihn schnell zurück – dann begreift ein jedes Kind diese Bewegung, man nennt das Versteckenspielen. Und ich, der ich immer mit im Spiel bin, ich sollte mich zurückhalten, ich sollte nicht antworten, wenn gefragt wird ... Glauben Sie nicht, daß ich kränkende Gedanken über Sie hegte, Sie hatten nicht die geringste Absicht, als Sie den Kopf hervorsteckten, es war die unschuldigste Sache der Welt. Als Gegengabe dürfen Sie mich nicht in Ihren Gedanken beleidigen, das verträgt mein guter Name und mein Ruf nicht. Außerdem waren Sie es, die anfing. Ich rate Ihnen, zu keiner Seele je über diese Begebenheit zu sprechen; das Unrecht ist auf Ihrer Seite. Was sonst beabsichtigte ich zu tun, als was jeder Kavalier tun würde – Ihnen meinen Schirm anzubieten. Wo ist sie hin? Vortrefflich, sie hat sich unten in der Tür des Pförtners versteckt. Es ist ein allerliebstes kleines Fräulein, munter, vergnügt. – »Vielleicht können Sie mir Auskunft geben über eine junge Dame, die gerade in diesem Augenblick den Kopf aus dieser Tür steckte, offenbar in Verlegenheit um einen Schirm. Nach ihr suche ich, ich und mein

Schirm.« – Sie lachen – vielleicht erlauben Sie, daß ich morgen meinen Diener zu Ihnen schicke, um ihn abzuholen, oder befehlen Sie, daß ich einen Wagen hole – nichts zu danken, das ist eine selbstverständliche Höflichkeit. – Sie ist das vergnügteste junge Mädchen, das ich seit langem gesehen habe, ihr Blick ist so kindlich und doch so keck, ihr Wesen so anmutig, so sittsam, und doch ist sie neugierig. – Geh hin in Frieden, mein Kind, gäbe es keinen grünen Mantel, hätte ich mir wohl eine nähere Bekanntschaft gewünscht. – Sie geht zur großen Kjöbmagergade. Wie unschuldig und vertrauensvoll sie war, keine Spur von Ziererei. Seht, wie leichtfüßig sie geht, wie sie den Kopf in den Nacken wirft – der grüne Mantel fordert Selbstverleugnung.

d.15.

Dank, guter Zufall, nimm meinen Dank! Rank war sie und stolz, geheimnisvoll und gedankenvoll wie eine Tanne, ein Sproß, ein Gedanke, der tief aus dem Inneren der Erde zum Himmel emporschießt, unerklärt, sich selber unerklärlich, ein Ganzes, das keine Teile hat. Die Buche hat eine Krone, ihre Blätter erzählen davon, was unter ihr vor sich gegangen ist, die Tanne hat keine Krone, keine Geschichte, sich selber ein Rätsel – so war sie. Sie war vor sich selbst in sich verborgen, sie selbst stieg aus sich selbst empor, in ihr war ein eigener Stolz gleich dem wagemutigen Flug der Tanne, wenngleich sie in der Erde festgenagelt ist. Eine Wehmut lag über ihr wie das Gurren der Waldtaube, eine tiefe Sehnsucht, der nichts abging. Ein Rätsel war sie, das rätselhaft seine eigene Auflösung besaß, eine Heimlichkeit, und was sind die Heimlichkeiten aller Diplomaten gegen diese, ein Rätsel, und was in aller Welt ist so schön, wie das Wort, das es löst. Wie bezeichnend, wie bündig ist doch die Sprache: lösen, welche Zweideutigkeit liegt doch darin, wie schön und wie stark, geht sie doch durch alle Kombinationen, in denen dieses Wort vorkommt! So wie der Reichtum der Seele ein Rätsel ist, solange nicht das Band der Zunge gelöst ist, und damit das Rätsel gelöst, auf diese Art ist auch ein junges Mädchen ein Rätsel. – – – Dank, guter Zufall, nimm meinen Dank! Hätte ich sie in der Winterzeit zu sehen bekommen, dann wäre sie wohl in den grünen Mantel gehüllt gewesen, verfroren vielleicht, und die Rauheit der Natur hätte ihre eigene Schönheit gemindert. Welches Glück nun statt dessen! Ich bekam sie zur schönsten Zeit des Jahres, im Frühjahr in der Nachmittagsbeleuchtung, zum ersten Mal zu sehen. Der Winter hat auch seine Vorteile. Ein strahlend erleuchteter Ballsaal kann eine schmeichelhafte Umgebung für ein zum Ball gekleidetes Mädchen sein; aber einmal zeigt sie sich dort selten gänzlich zu ihrem Vorteil, eben weil dort alles sie dazu auffordert, eine Aufforderung, die, ob sie ihr nachgibt oder ihr Widerstand leistet, störend wirkt; zum anderen erinnert alles an Vergänglichkeit und Eitelkeit und erzeugt eine Ungeduld, die den Genuß weniger erquickend macht. Zu gewissen Zeiten möchte ich einen Ballsaal schon nicht entbehren, nicht den kostbaren Luxus missen, nicht dessen unbezahlbare Überfülle von Jugend und Schönheit, nicht sein mannigfaltiges Spiel der Kräfte; aber dort genieße ich nicht so sehr, sondern schwelge in der Möglichkeit. Es ist nicht die einzelne Schönheit, die fesselt, sondern das Ganze; ein Traumbild schwebt an einem vorbei, in dem alle weiblichen Wesen sich miteinander verbinden, und alle diese Bewegungen suchen etwas, suchen Ruhe in einem Bild, das man nicht sieht.

Es war auf dem Weg, der sich zwischen Nörreport und Österport befindet. Es war gegen halb sieben Uhr. Die Sonne hatte ihre Kraft verloren, nur ein milder Schimmer, der über der Landschaft lag, bewahrte die Erinnerung daran. Die Natur atmete freier. Der See war still, klar wie ein Spiegel. Die hübschen Gebäude vom Blegdammen spiegelten sich im Wasser, das ein ganzes Stück lang dunkel wie Metall war. Der Weg und die Gebäude auf der anderen Seite wurden von kraftlosen Sonnenstrahlen beleuchtet. Der Himmel war klar und rein, nur eine einzelne leichte Wolke glitt unbemerkt darüber hin, am besten zu bemerken, wenn man das Auge auf den See heftete, über dessen blanker Stirn sie verschwand. Kein Blatt rührte sich. – Sie war es. Mein Auge hat mich nicht betrogen, wenn es auch einmal der grüne Mantel tat. Obgleich ich doch seit langem darauf vorbereitet war, war es mir doch nicht möglich, einer gewissen Unruhe Herr zu werden, ein Steigen und Fallen wie bei der Lerche, die über den anliegenden Feldern stieg und fiel, während sie sang. Sie war allein. Wie sie gekleidet war, habe ich wieder vergessen, und doch habe ich jetzt ein Bild von ihr. Sie war allein, beschäftigt, offenbar nicht mit sich selbst, sondern mit ihren eigenen Gedanken. Sie dachte nicht, aber die stille Beschäftigung der Gedanken webte ein

Bild der Sehnsucht vor ihre Seele, das die Ahnung besitzt, unerklärlich wie die vielen Seufzer eines jungen Mädchens. Sie stand in ihrer schönsten Zeit. Ein junges Mädchen entwickelt sich nicht in der Art eines Knaben, es wächst nicht, es wird geboren. Ein Knabe beginnt sogleich mit seiner Entwicklung und braucht dafür eine lange Zeit, die Geburt eines jungen Mädchens währt lange und es wird erwachsen geboren. Daher ihr unendlicher Reichtum; in dem Augenblick, in dem es geboren wird, ist es erwachsen, aber dieser Augenblick der Geburt kommt spät. Daher wird es zweimal geboren, zum zweiten Mal, wenn es sich verheiratet, oder richtiger gesagt, in dem Augenblick hört die Geburt auf, erst in dem Augenblick wird es geboren. Nicht nur Minerva entspringt Jupiters Kopf voll ausgetragen, nicht nur Venus taucht in vollem Liebreiz aus den Wogen auf, so geht es mit jedem jungen Mädchen, dessen Weiblichkeit nicht durch das verdorben worden ist, was man Entwicklung nennt. Es erwacht nicht allmählich, sondern mit einem Mal, hingegen träumt es um so länger, wenn die Leute nicht so unvernünftig sind, es zu früh zu wecken. Aber dieses Träumen ist ein unendlicher Reichtum. – Sie war nicht mit sich selbst, sondern in sich selbst beschäftigt, und diese Beschäftigung war unendlicher Friede und Ruhen in sich selbst. Auf diese Weise ist ein junges Mädchen reich. Es ist reich, obgleich es nicht weiß, daß es etwas besitzt; es ist reich, es ist ein Schatz. Stiller Friede und leichte Wehmut liegen über ihr. Sie war leicht mit den Augen emporzuheben, leicht wie Psyche, die von Amoretten emporgetragen wird, noch leichter; denn sie trug sich selbst. Sollen sich die Lehrer der Kirche über die Himmelfahrt Marias streiten, sie kommt mir nicht unbegreiflich vor, denn sie gehört nicht mehr der Welt; aber die Leichtigkeit eines jungen Mädchens, sie ist unbegreiflich und spottet dem Gesetz der Schwerkraft. – Sie bemerkt nichts und glaubt sich deswegen auch unbemerkt. Ich hielt Abstand zu ihr und trank ihr Bild in mich hinein. Sie ging langsam, keine Eile störte ihren Frieden oder die Ruhe der Umgebung. Am Wasser saß ein Junge und fischte, sie blieb stehen, betrachtete den Spiegel des Wassers und den kleinen Fluß. Sie war nicht kräftig ausgeschritten, suchte aber eine Abkühlung; sie löste das kleine Tuch, das unter dem Schal um ihren Hals gebunden war; ein leichtes Lüftchen vom See wehte über einen Busen weiß wie Schnee und doch warm und voll. Dem Jungen schien es nicht zu gefallen, einen Zeugen für seinen Fang zu haben, er wandte sich mit einem recht phlegmatischen Blick um und betrachtete sie. Er machte wirklich eine lächerliche Figur, und ich kann es ihr nicht verdenken, daß sie über ihn zu lachen begann. Wie jugendlich sie lachte; deshalb glaube ich, daß sie, wäre sie mit dem Jungen alleine gewesen, sich nicht gescheut hätte, sich mit ihm zu prügeln. Ihre Augen waren groß und strahlend; schaute man in sie hinein, dann hatten sie einen dunklen Glanz, der ihre unendliche Tiefe ahnen ließ, obgleich es unmöglich war, in sie einzudringen; sie waren rein und unschuldig, mild und still, voller Schelmerei, wenn sie lächelte. Ihre Nase war fein gebogen; als ich sie von der Seite betrachtete, zog sie sich gleichsam in die Stirn hinein und wirkte dadurch etwas kürzer und ein wenig kecker. Sie ging weiter, ich folgte ihr. Glücklicherweise gab es Spaziergänger auf dem Weg; während ich mit dem einen und anderen ein paar Worte wechselte, ließ ich sie etwas Vorsprung gewinnen und holte sie bald wieder ein und befreite mich so von der Notwendigkeit, im Gehen den gleichen Abstand zu ihr zu halten. Sie ging gegen Österport. Ich wollte sie gerne von nahe sehen, ohne selbst gesehen zu werden. Dort an der Ecke liegt ein Haus, von dem aus es mir gelingen müßte. Ich kannte die Familie und brauchte dort nur einen Besuch zu machen. Ich ging mit hurtigen Schritten an ihr vorbei, als ob ich sie nicht im entferntesten beachtete. Ich war ein gutes Stück voraus, begrüßte die Familie nach rechts und links und bemächtigte mich dann des Fensters, das zur Straße geht. Sie kam und ich sah, ich sah während ich gleichzeitig mit der Teegesellschaft im Wohnzimmer zu plaudern anfing. Ihr Gang bewies mir leicht, daß sie keine namhafte Tanzschule besucht hatte, und doch lag ein Stolz darin, ein natürlicher Adel, aber ein Mangel an Aufmerksamkeit auf sich selbst. Einmal mehr als ich eigentlich erwartet hatte, bekam ich sie zu sehen. Vom Fenster aus konnte ich den Weg nicht weiter verfolgen; jedoch konnte ich einen Steg beobachten, der ins Wasser hinausging, und zu meinem Erstaunen entdeckte ich sie da draußen wieder. Dabei komme ich darauf, daß sie vielleicht hier draußen auf dem Land wohnt, vielleicht hat die Familie eine Sommerwohnung. Ich begann schon, meinen Besuch zu bereuen aus Furcht, daß sie umkehren und ich sie aus den Augen verlieren würde, ja, daß sie auf der äußersten Spitze des Stegs erschien, war gleichsam ein Zeichen dafür, daß sie für mich verschwand – als sie sich ganz aus der Nähe zeigte. Sie ging am Haus vorbei, im Nu ergriff ich Hut und Stock um, wenn möglich, noch einige Male an ihr vorbei und wieder hinter ihr her zu gehen, bis ich ihre Wohnung entdeckt hatte – als ich in meiner Eile gegen den Arm einer Dame stieß, die gerade dabei war, den Tee herumzureichen. Ein schrecklicher Schrei ertönte, ich stehe mit Hut und Stock, nur bemüht fortzukommen, und um der Sache möglichst eine Wendung zu geben und um meinen Rückzug zu begründen, breche ich mit Pathos aus: Wie Kain will ich von dieser Stätte fliehen, die sah, wie der Tee verschüttet wurde. Aber als ob sich alles gegen mich verschworen hätte, bekommt der Hausherr die verzweifelte Idee, meine Bemerkung aufzugreifen und hoch und heilig zu erklären, daß ich nicht gehen dürfte, ohne zuvor eine Tasse Tee getrunken, den Damen selbst den verschütteten Tee präsentiert und so alles wieder gut gemacht zu haben. Da ich ganz davon überzeugt war, daß der Hausherr im gegenwärtigen Fall es als Höflichkeit ansehen würde, Gewalt anzuwenden, blieb mir nichts als zu bleiben. – Sie war verschwunden.

d. 16.

Wie schön es doch ist, verliebt zu sein, wie interessant es ist zu wissen, daß man es ist. Seht, das ist der Unterschied. Der Gedanke kann mich verbittern, daß sie ein weiteres Mal für mich verschwand, und doch freut es mich in gewissem Grad. Das Bild, das ich von ihr habe, schwebt unbestimmt zwischen ihrer wirklichen und ihrer idealen Gestalt. Dieses Bild lasse ich jetzt vor mir erscheinen; aber gerade weil es entweder Wirklichkeit ist oder die Wirklichkeit doch die Veranlassung dazu, hat es einen eigenen Zauber. Ich kenne keine Ungeduld, denn sie muß ja aus dieser Stadt sein, und das genügt mir für den Augenblick. Diese Möglichkeit ist die Bedingung dafür, daß ihr Bild sich zeigen kann. Alles will in langsamen Zügen genossen sein. Und sollte ich nicht unbesorgt sein können, ich, der sich für den Liebling der Götter halten kann, dem das seltene Glück zuteil wird, sich wieder zu verlieben. Das ist doch etwas, das keine Kunst, kein Studium hervorbringen kann, es ist eine Gabe. Ist es mir aber gelungen, wieder eine Liebe zu erwecken, dann möchte ich doch sehen, wielange sie sich erhalten läßt. Ich hätschele diese Liebe, wie ich es nicht bei meiner ersten Liebe getan habe. Die Gelegenheit wird einem selten genug zuteil, zeigt sie sich, so gilt es fürwahr, sie zu nützen; denn das ist das Verzweifelte, es ist keine Kunst, ein Mädchen zu verführen, aber ein Glück, eines zu finden, das es wert ist, verführt zu werden. – Die Liebe hat viele Mysterien, und diese erste Liebe ist auch ein Mysterium, wenngleich sie zu den kleineren gehört – die meisten Menschen stürmen voran, verloben sich oder begehen einen anderen dummen Streich, und im Handumdrehen ist alles vorbei, und sie wissen weder, was sie erobert haben, noch was sie verloren haben. Zweimal hat sie sich mir jetzt gezeigt und ist wieder verschwunden; das bedeutet, daß sie sich bald öfters zeigen wird. Als Joseph Pharaos Traum gedeutet hatte, fügte er hinzu: Aber daß du es zweimal geträumt hast, bedeutet, daß es bald in Erfüllung gehen wird.

Es wäre ganz interessant, wenn man ein wenig im vorhinein die Kräfte sehen könnte, deren Auftreten den Inhalt des Lebens ausmacht. Sie lebt jetzt in ihrem stillen Frieden dahin; sie ahnt noch nicht, daß ich da bin, noch weniger, was in meinem Inneren vorgeht, noch weniger die Sicherheit, mit der ich in ihre Zukunft blicke; denn meine Seele fordert mehr und mehr die Wirklichkeit, sie wird stärker und stärker. Wenn ein Mädchen nicht auf den ersten Blick einen so tiefen Eindruck macht, daß sie das Ideale weckt, dann ist die Wirklichkeit im allgemeinen nicht sonderlich begehrenswert; tut sie es hingegen, so ist man, so geübt man auch sein mag, im allgemeinen leicht überwältigt. Dem aber, der sich seiner Hand, seines Auges und seines Sieges nicht sicher ist, ihm würde ich immer raten, den Angriff in diesem ersten Zustand zu wagen, in dem er, gerade weil er überwältigt ist, übernatürliche Kräfte hat. Denn dieses Überwältigtsein ist eine seltsame Mischung von Sympathie und Egoismus. Er wird deshalb um einen Genuß kommen; denn er genießt die Situation nicht, weil er selbst beschäftigt ist, in ihr verborgen ist. Was das Schönste ist, ist schwer, was das Interssanteste ist, leicht zu entscheiden. Indessen ist es immer gut, der Grenzlinie so nahe wie möglich zu kommen. Das ist der eigentliche Genuß, und was andere genießen, weiß ich wahrhaftig nicht. Der bloße Besitz ist etwas wenig, und die Mittel, die solche Liebhaber gebrauchen, sind im allgemeinen erbärmlich genug; sie verschmähen nicht einmal Geld, Macht, fremden Einfluß, Schlaftrunk usw. Aber welcher Genuß ist schon in der Liebe, wenn sie nicht die absolute Hingabe in sich hat, das heißt von der einen Seite, aber dazu gehört in der Regel Geist, und an dem fehlt es in der Regel diesen Liebhabern.

d. 19.

Cordelia heißt sie also, Cordelia! Das ist ein schöner Name, auch das ist wichtig, denn es kann oft sehr störend wirken, bei zärtlichsten Bezeichnungen einen unschönen Namen nennen zu müssen. Ich erkannte sie schon von weitem, sie ging mit zwei anderen Mädchen links von sich. Die Art ihrer Schritte schien anzudeuten, daß sie bald stehenbleiben würden. Ich stand an der Straßenecke und las ein Plakat, während ich meine Unbekannte ständig im Auge behielt. Sie verabschiedeten sich voneinander. Die zwei waren wahrscheinlich ein Stück mitgekommen, denn sie nahmen die entgegengesetzte Richtung. Sie ging in Richtung meiner Straßenecke. Als sie ein paar Schritte gegangen war, kam eines der beiden Mädchen zurückgelaufen und rief laut genug, daß ich es hören konnte: Cordelia! Cordelia! Dann kam die dritte dazu; sie steckten die Köpfe zusammen zu einem geheimen Rat, dessen Geheimnis ich vergebens mit meinem guten Gehör aufzufangen versuchte; daraufhin lachten sie alle drei, und in einem etwas schnellerem Tempo eilten sie jetzt auf dem Weg, den die zwei eingeschlagen hatten. Ich folgte ihnen. Sie gingen in ein Haus am Strand. Ich wartete eine Weile, da wahrscheinlich Cordelia wohl bald alleine zurückkommen würde. Das geschah indes nicht.

Cordelia! Das ist doch wirklich ein vortrefflicher Name, so heißt ja auch *Lears* dritte Tochter, jenes vortreffliche Mädchen, dessen Herz nicht auf ihren Lippen wohnte und dessen Lippen stumm blieben, wenn ihr Herz sich geöffnet hatte. So auch bei meiner Cordelia. Sie gleicht ihr, dessen bin ich gewiß. Aber ihr Herz wohnt doch auf andere Weise auf ihren Lippen, nicht in Form von Worten, sondern auf eine herzlichere Art in Form eines Kusses. Wie blühend ihre frischen Lippen waren! Nie sah ich schönere.

Daß ich wirklich verliebt bin, kann ich unter anderem auch an der Heimlichkeit erkennen, mit der ich fast auch vor mir selbst diese Angelegenheit behandele. Jede Liebe ist geheimnisvoll, selbst noch die treulose, wenn sie das gebührende ästhetische Moment in sich hat. Es ist mir nie eingefallen, mir Mitwisser zu wünschen, mit meinen Abenteuern zu prahlen. Es freute mich fast sogar, daß ich ihre Adresse nicht erfuhr, sondern einen Ort, an den sie oft kommt. Vielleicht bin ich aber ohnedies dadurch meinem Ziel noch näher gekommen. Ich kann meine Beobachtungen anstellen, ohne dabei ihre Aufmerksamkeit zu wecken, und von diesem festen Punkt aus dürfte es mir nicht schwer fallen, mir Zugang zu ihrer Familie zu beschaffen. Sollte diese Umständlichkeit sich jedoch als eine Schwierigkeit erweisen – eh bien! dann nehme ich die

Schwierigkeit in Kauf; alles was ich tue, tue ich *con amore*; und also liebe ich auch *con amore*.

d. 20.

Heute habe ich mir Auskunft über das Haus beschafft, in dem sie verschwunden ist. Dort wohnt eine Witwe mit drei reizenden Töchtern. Auskunft kann man hier im Überfluß erhalten, das heißt, soweit man darüber verfügt. Die einzige Schwierigkeit ist, diese Auskünfte in dritter Potenz zu verstehen. Denn sie nehmen sich gegenseitig das Wort aus dem Mund. Sie heißt *Cordelia Wahl* und ist die Tochter eines Marinekapitäns. Er ist vor einigen Jahren gestorben, ebenso die Mutter. Er war ein sehr harter und strenger Mann. Sie lebt jetzt im Haus ihrer Tante väterlicherseits, die ihrem Bruder nachschlagen, sonst aber eine recht respektable Frau sein soll. Das ist zwar gut und schön, aber sonst wissen sie weiter nichts über das Haus; sie gehen nie dorthin, aber Cordelia kommt oft zu ihnen. Sie und die beiden Mädchen sind in der Hofküche in der Lehre. Sie kommt deshalb gern am frühen Nachmittag, gelegentlich auch einmal am Vormittag, nie am Abend. Sie leben sehr zurückgezogen.

Hier also endet die Geschichte, es zeigt sich keine Brücke, über die ich in Cordelias Haus schlüpfen kann.

Sie hat also eine Vorstellung von den Schmerzen des Lebens, von dessen Schattenseite. Wer hätte das bei ihr erwartet. Jedoch gehören diese Erinnerungen wohl einem frühen Alter an, es ist ein Horizont, unter dem sie gelebt hat, ohne sich dessen bewußt zu sein. Das ist sehr gut, das hat ihre Weiblichkeit gerettet, sie ist nicht verpfuscht. Andererseits wird das auch seine Bedeutung dabei haben, sie emporzuheben, wenn man es nur versteht, sie zu wecken. Dergleichen macht im allgemeinen stolz, sofern es nicht vernichtet, und vernichtet zu sein, davon war sie weit entfernt.

d. 21.

Sie wohnt am Wall, die Örtlichkeit ist nicht die beste, keine Nachbarn, deren Bekanntschaft man machen könnte, keine öffentlichen Plätze, von denen aus man unbemerkt seine Beobachtungen anstellen kann. Der Wall selbst ist wenig geeignet, man ist zu sehr im Blickfeld. Geht man die Straße hinunter, dann kann man nicht gut auf der Seite ganz oben am Wall gehen, denn dort geht kein Mensch, und es wäre zu auffallend, es sei denn, man ginge ganz dicht an den Häusern entlang, dann kann man aber nichts sehen. Es ist ein Eckhaus. Die Fenster zum Hof hin kann man auch von der Straße sehen, denn das Haus hat kein Nachbarhaus. Dort wird sich vermutlich ihr Schlafzimmer befinden.

d. 22.

Heute habe ich sie zum ersten Mal bei Frau Jansen gesehen. Ich wurde ihr vorgestellt. Sie schien sich weiter nichts daraus zu machen oder mich nicht zu beachten. Ich verhielt mich so unbemerkt wie möglich, um desto besser beobachten zu können. Sie blieb bloß einen Augenblick, sie war nur gekommen, die Töchter abzuholen, um in die Hofküche zu gehen. Während sich die beiden Fräulein Jansen anzogen, waren wir beide allein im Zimmer, und mit kühlem, fast geringschätzigem Phlegma ließ ich ein paar Worte fallen, die mit unverdienter Höflichkeit beantwortet wurden. Dann gingen sie. Ich hätte ihnen meine Begleitung anbieten können; das hätte aber schon ausgereicht, den Kavalier bloßzustellen, und ich habe mich davon überzeugt, daß sie auf diese Art nicht zu gewinnen ist. – Deshalb zog ich es vor, gleich nachdem sie gegangen war, ebenfalls zu gehen, aber um etliches schneller als sie und auf anderem Weg, jedoch ebenso in Richtung Hofküche strebend, so daß, während sie in die große Kongensgade einbiegen werden, ich in größter Eile an ihnen vorbeieile, ohne sie zu grüßen oder dergleichen zu ihrer großen Verwunderung.

d. 23.

Es ist notwendig, daß ich mir Zutritt zu dem Haus verschaffe, dafür bin ich, wie es in der Sprache des Militärs heißt, zum Einsatz bereit. Es scheint indes ein ziemlich weitläufiges und schwieriges Unternehmen zu werden. Noch nie habe ich eine Familie gekannt, die so zurückgezogen lebt. Es sind nur sie und ihre Tante. Keine Brüder, keine Vettern, nicht das geringste, das man greifen könnte, keine noch so weitentfernte Verwandten, bei denen man sich einhängen könnte. Ich habe immer einen Arm lose herunterhängen, um alles in der Welt möchte ich jetzt nicht an jedem Arm jemand haben, mein Arm ist ein Enterhaken, den man ständig in Bereitschaft haben muß, mein Arm ist für die ungewissen Einnahmen bestimmt, falls sich weit in der Ferne ein weitläufiger Verwandter oder Freund zeigen sollte, den ich von weitem ein wenig heranholen könnte – dann klettere ich. Im übrigen ist es nicht recht von einer Familie, so zurückgezogen zu leben; man beraubt das arme Mädchen der Möglichkeit, die Welt kennenzulernen, ganz davon zu schweigen, welche sonstigen gefährlichen Folgen das haben kann. Das rächt sich immer. Mit der Freierei geht es ebenso. Mit solcher Zurückgezogenheit schützt man sich nur vor kleinen Dieben. In einem sehr geselligen Haus macht Gelegenheit Diebe. Das ist jedoch nicht von Bedeutung; denn bei solchen Mädchen ist nicht viel zu stehlen; wenn sie sechzehn Jahre alt sind, gleicht ihr Herz bereits einem vollgeschriebenen Namenstuch, und mir liegt nichts daran, meinen Namen dorthin zu schreiben, wo schon viele Namen geschrieben stehen, ich dächte nie daran, meinen Namen auf eine Fensterscheibe zu schreiben oder in einem Wirtshaus oder in einen Baum oder eine Bank im Park von Frederiksberg einzuritzen.

d. 27.

Je mehr ich sie ansehe, desto mehr bin ich überzeugt, daß sie eine isolierte Figur ist. Ein Mann muß das nicht sein, nicht einmal ein Jüngling; denn da seine Entwicklung wesentlich auf Reflexion beruht, so muß er mit anderen in Beziehung getreten sein. Ein junges Mädchen darf deshalb auch nicht interessant sein, denn das Interessante enthält immer eine Reflexion auf sich selbst, dergestalt wie in der Kunst das Interessante immer den Künstler mitenthält. Ein junges Mädchen, das dadurch gefallen möchte, daß es interessant ist, will am ehesten sich selbst gefallen. Das ist es, was von seiten der Ästhetik gegen jegliche Art Koketterie einzuwenden ist. Etwas anderes ist es mit all der nicht-eigentlichen Koketterie, den eigenen Regungen der Natur; so der weiblichen Schamhaftigkeit, die allzeit die schönste Koketterie ist. Es mag daher einem interessanten Mädchen wohl gelingen, zu gefallen, aber ebenso wie sie ihre Weiblichkeit aufgegeben hat, sind gewöhnlich die Männer, denen sie gefällt, unmännlich. Interessant wird so ein junges Mädchen eigentlich erst im Verhältnis zum Mann. Frauen sind das schwächere Geschlecht, und doch gehört es weit mehr zu ihnen als zum Mann, in ihrer Jugend allein zu stehen, sie müssen sich selbst genug sein, aber das, womit und worin sie sich selbst genug sind, ist eine Illusion; es ist jene Mitgift, mit der die Natur sie ausgestattet hat wie eine Königstochter. Aber gerade dieses Ruhen in der Illusion isoliert sie. Ich habe oft darüber gegrübelt, woran es wohl liegen mag, daß es nichts Verderblicheres für ein junges Mädchen gibt als den Umgang mit anderen jungen Mädchen. Offenbar liegt es daran, daß dieser Umgang weder das eine noch das andere ist; er stört die Illusionen, aber er erklärt sie nicht. Es ist die innerste Bestimmung des Weibes, zur Gesellschaft des Mannes dazusein, aber der Umgang mit ihrem eigenen Geschlecht führt leicht zu einer Reflexion darüber, die sie statt zur Gesellschaft des Mannes zur Gesellschaftsdame macht. Sehr bezeichnend ist in dieser Hinsicht die Sprache selbst; der Mann heißt Herr, aber das Weib heißt nicht Dienerin oder dergleichen, nein, man wendet eine Bestimmung des Wesentlichen an: es ist Gesellschaft, nicht Gesellschafterin. Wenn ich mir das

Ideal eines jungen Mädchens vorstellen sollte, dann müßte sie immer allein in der Welt stehen, und damit auf sich selbst angewiesen sein, aber vor allem dürfte sie keine Freundinnen haben. Gewiß, es ist richtig, es waren drei Grazien; aber es ist gewiß noch niemandem eingefallen, sie sich in gegenseitigem Gespräch vorzustellen; sie bilden in ihrer schweigenden Dreiheit eine weibliche schöne Einheit. In dieser Beziehung könnte ich fast versucht werden, wieder das Jungfrauengemach zu empfehlen, würde sich dieser Zwang nicht wieder schädlich auswirken. Wünschenswert ist für ein junges Mädchen, daß man ihr die Freiheit läßt, ihr aber keine Möglichkeiten dafür geboten werden. Dadurch bleibt sie schön und davor bewahrt, interessant zu werden. Einem jungen Mädchen, das viel Zeit in Gesellschaft mit jungen Mädchen verbringt, ihr gibt man vergebens einen Jungfernschleier oder einen Brautschleier; hingegen wird der, der genügend ästhetischen Sinn hat, stets finden, daß ein im tieferen und bemerkenswerten Sinn unschuldiges Mädchen ihm verschleiert zugeführt wird, auch wenn es nicht Sitte und Brauch ist, einen Brautschleier zu tragen.

Sie ist streng erzogen, dafür danke ich jetzt noch ihren Eltern; sie lebt sehr zurückgezogen, ich könnte der Tante aus Dank dafür um den Hals fallen. Sie hat die Freuden der Welt nicht kennengelernt, hat nicht die alberne Übersättigung. Sie ist stolz, sie trotzt dem, was andere junge Mädchen erfreut; so soll es sein. Das ist eine Unwahrheit, die ich zu meinem Vorteil zu nutzen wissen werde. An Staat und Pracht liegt ihr nichts in der Art anderer junger Mädchen; sie ist etwas polemisch, aber das braucht ein junges Mädchen mit ihrer Schwärmerei. Sie lebt in der Welt der Phantasie. Fiele sie in unrechte Hände, dann könnte das etwas sehr Unweibliches in ihr wecken, gerade weil so viel Weiblichkeit in ihr ist.

d. 30.

Überall kreuzen sich unsere Wege. Heute habe ich sie dreimal getroffen. Ich weiß Bescheid über den kleinsten ihrer Ausflüge, wann und wo ich sie treffen werde; aber dieses Wissen wird nicht dazu benutzt, mir ein Zusammentreffen mit ihr zu verschaffen; im Gegenteil, ich verschwende nach einem schlimmen Maßstab. Eine Begegnung, die mich mehrere Stunden Warten gekostet hat, wird wie eine Bagatelle vergeudet; ich treffe sie nicht, ich berühre nur peripher ihre Existenz. Wenn ich weiß, daß sie zu Frau Jansen geht, dann treffe ich nicht gern mit ihr zusammen, ausgenommen, wenn es mir wichtig ist, eine einzelne Beobachtung anzustellen; ich ziehe es vor, etwas früher zu Frau Jansen zu kommen und sie möglichst in der Tür zu treffen, wenn sie kommt und ich gehe, oder auf der Treppe, wo ich achtlos an ihr vorbeigehe. Das ist das erste Netz, in das sie eingesponnen werden muß. Auf der Straße bleibe ich nicht stehen, oder ich tausche einen Gruß mit ihr aus, aber ich nähere mich ihr nie, sondern bin stets auf Abstand bedacht. Unser fortwährendes Zusammentreffen fällt ihr wohl auf, sie merkt wohl, daß sich an ihrem Horizont ein neuer Körper zeigt, der auf seinem Weg auf wunderlich ungestörte Weise störend in ihren eingreift; aber von dem diese Begegnung begründenden Gesetz hat sie keine Ahnung, sie ist eher versucht, sich nach rechts und links umzusehen, um den Punkt entdecken zu können, der das Ziel ist; daß sie es ist, das weiß sie ebensowenig wie ihr Antipode. Ihr geht es ebenso wie meiner Umgebung allgemein: man glaubt, daß ich eine Vielzahl von Geschäften habe, ich bin unaufhörlich in Bewegung und sage mit Figaro: ein, zwei, drei, vier Intrigen zur gleichen Zeit, das ist meine Lust. Bevor ich mit dem Angriff beginne, muß ich zuerst sie und ihren geistigen Zustand insgesamt kennen. Die meisten genießen ein junges Mädchen so wie sie ein Glas Champagner in seinem schäumenden Moment genießen, nun ja, das ist ganz hübsch und bei vielen jungen Mädchen ist es wohl das Höchste, was man bei ihnen erreichen kann, aber hier ist mehr. Ist die Person zu schwach, um Klarheit und Durchsichtigkeit zu vertragen, nun gut, dann genießt man das Unklare, aber sie kann es offenbar vertragen. Je mehr Hingabe man in die Liebe hineinlegen kann, desto interessanter. Der Genuß dieses Augenblicks ist, wenn auch nicht im äußerlichen, so doch im geistigen Sinn eine Vergewaltigung, und bei einer Vergewaltigung gibt es nur einen eingebildeten Genuß, sie ist, wie ein gestohlener Kuß, etwas, das keine Art hat. Nein, wenn man erreichen kann, daß ein Mädchen nur eine einzige Aufgabe für seine Freiheit sieht, die, sich hinzugeben, daß sie ihre ganze Seligkeit darin sieht, daß sie sich geradezu diese Hingabe erfleht und dennoch frei ist, erst dann ist das Genuß, doch dazu gehört stets geistiger Einfluß.

Cordelia! Welch herrlicher Name. Ich sitze zu Hause und übe mich im Sprechen wie ein Papagei, ich sage: Cordelia, Cordelia, meine Cordelia, du meine Cordelia. Ich kann mir das Lachen nicht verkneifen bei dem Gedanken über die Routine, mit der ich einmal in einem entscheidenden Augenblick diese Worte aussprechen werde. Man muß stets Vorstudien treiben, alles muß parat sein. Es ist kein Wunder, daß die Dichter immer diesen Du-Augenblick schildern, den schönen Augenblick, in dem die Liebenden nicht beim Übergießen (es gibt zwar viele, die nie weiter kommen), sondern beim Eintauchen in das Meer der Liebe den alten Menschen ablegen und aus dieser Taufe emporsteigen und erst jetzt einander richtig kennen wie alte Bekannte, obgleich es erst einen Augenblick her ist. Für ein junges Mädchen ist dieser Augenblick immer der schönste, und man muß, um ihn recht zu genießen, immer etwas darüber stehen, so daß man nicht nur Täufling ist, sondern zugleich Priester. Etwas Ironie macht den zweiten Augenblick dieses Augenblicks zu einem der interessantesten, es ist ein geistiges Entkleiden. Man muß recht poetisch sein, um diesen Akt nicht zu stören, und doch muß der Schelm immer auf der Lauer sein.

d. 2. Juni

Sie ist stolz, das habe ich seit längerer Zeit schon bemerkt. Wenn sie in Gesellschaft der drei Jansens ist, spricht sie wenig, offenbar langweilt sie deren Geplauder, ein gewisses Lächeln um den Mund scheint das anzudeuten. Auf dieses Lächeln baue ich. – Ein ander

Mal kann sie sich einer nahezu jungenhaften Wildheit überlassen, zur großen Verwunderung der Jansens. Unerklärlich ist mir das nicht, wenn ich an ihre Kindheit denke. Sie hatte nur einen Bruder, der ein Jahr älter war. Sie kennt nur Vater und Bruder, war Zeuge von ernsten Vorfällen, die einem eine Abneigung gegen das Geplapper geben. Ihr Vater und ihre Mutter waren nicht glücklich miteinander gewesen; das, was sonst deutlicher oder dunkler einem jungen Mädchen winkt, winkt ihr nicht. Es könnte schon möglich sein, daß sie ratlos darüber ist, was ein junges Mädchen ist. Vielleicht wagt sie sich in einzelnen Augenblicken zu wünschen, daß sie kein junges Mädchen, sondern ein Mann sei.

Sie hat Phantasie, Seele, Leidenschaft, kurz alle Substantialitäten, aber nicht subjektiv reflektierte. Gerade darüber vergewisserte mich heute ein Zufall. Ich weiß von der Firma Jansen, daß sie nicht Klavier spielt. Das verstößt gegen die Grundsätze der Tante. Ich habe das immer bedauert, denn Musik ist ein gutes Kommunikationsmittel bei jungen Mädchen, wenn man, wohlgemerkt, vorsichtig genug ist, nicht als Kenner aufzutreten. Heute ging ich zu Frau Jansen hinauf, ich hatte die Tür halb aufgemacht, ohne anzuklopfen, eine Unverschämtheit, die mir oft zugute kommt und der ich notfalls mit einer Lächerlichkeit abhelfe, indem ich nämlich an die geöffnete Tür anklopfe – sie saß dort allein am Klavier – sie schien verstohlen zu spielen – es war eine kleine schwedische Melodie – sie spielte ohne

Fertigkeit, sie wurde ungeduldig, aber dann kamen wieder sanfte Töne. Ich schloß die Tür und blieb draußen, lauschte dem Wechsel in ihren Stimmungen, bisweilen lag eine Leidenschaft in ihrem Spiel, die mich an Jungfer Mettelil erinnerte, die die Goldharfe schlug, daß die Milch aus ihren Brüsten sprang. – Es war leichte Wehmut, aber auch etwas Dithyrambisches in ihrem Vortrag. – Ich hätte vorstürzen, diesen Augenblick ergreifen können – es wäre eine Torheit gewesen. – Die Erinnerung ist nicht nur ein Konservierungs-Mittel, sondern auch ein Vergrößerungs-Mittel, was von Erinnerung durchdrungen ist, wirkt doppelt. Man findet oft in Büchern, besonders in Psalmbüchern, eine kleine Blume – ein schöner Augenblick war der Anlaß, daß sie hineingelegt wurde, doch die Erinnerung ist noch schöner. Sie macht scheinbar ein Geheimnis daraus, daß sie spielt, oder kann sie vielleicht nur diese kleine schwedische Melodie spielen – hat sie vielleicht eine besondere Bedeutung für sie? Das alles weiß ich nicht, aber deshalb ist diese Begebenheit von großer Wichtigkeit für mich. Wenn ich einmal vertrauter mit ihr spreche, lenke ich ganz heimlich das Gespräch auf diesen Punkt und lasse sie durch diese Falltür stürzen.

d. 3. Juni

Noch bin ich mir selbst nicht darüber im klaren, wie sie zu verstehen ist; ich verhalte mich deshalb so still, so unbemerkbar – ja wie ein Soldat auf vorgeschobenem Posten, der sich zur Erde wirft und auf den fernsten Widerhall eines vorrückenden Feindes horcht. Eigentlich gibt es mich nicht für sie, nicht in der Bedeutung eines negativen Verhältnisses, sondern in der Bedeutung überhaupt keines Verhältnisses. Noch habe ich kein Experiment gewagt. Sie sehen und sie lieben, das war eins, so heißt es im Roman – ja, das träfe zu, wenn die Liebe keine Dialektik hätte; aber was erfährt man schon über Liebe in Romanen? Lauter Lügen, die dazu dienen, die Aufgabe zu verkürzen.

Wenn ich nach den Aufschlüssen, die ich jetzt bekommen habe, an den Eindruck zurückdenke, den die erste Begegnung auf mich gemacht hat, dann ist meine Vorstellung von ihr zwar modifiziert, aber sowohl zu ihrem wie zu meinem Vorteil. Es ist nicht an der Tagesordnung zum Beispiel, daß ein junges Mädchen alleine geht, oder daß ein junges Mädchen so in sich selbst versunken ist. Nach meiner strengen Kritik geprüft war sie: anmutig. Aber Anmut ist ein so flüchtiger Augenblick, der verschwindet wie der gestrige Tag, wenn er vorbei ist. Ich hatte sie mir nicht in der Umgebung vorgestellt, in der sie lebt, am wenigsten so unreflektiert vertraut mit den Stürmen des Lebens.

Ich möchte doch wissen, wie es um ihre Gefühle steht. Verliebt war sie sicher noch nie, dafür ist der Flug ihres Geistes zu frei, am allerwenigsten gehört sie zu jenen theoretisch erfahrenen Jungfern, denen es lange vor der Zeit so geläufig ist, sich in den Armen eines geliebten Mannes vorzustellen. Die Gestalten der Wirklichkeit, die ihr begegnet sind, waren just nicht imstande, sie über das Verhältnis zwischen Traum und Wirklichkeit in Unklarheit zu bringen. Ihre Seele wird noch vom göttlichen Ambrosia der Ideale genährt. Aber das Ideal, das ihr vorschwebt, ist wohl kaum eine Schäferin oder eine Heldin in einem Roman, eine Geliebte, sondern eine *Jeanne d' Arc* oder dergleichen.

Es bleibt die Frage, ob ihre Weiblichkeit stark genug ist, um sich reflektieren zu lassen, oder ob sie nur als Schönheit und Anmut zu genießen ist; die Frage ist, ob man den Bogen stärker spannen darf. Es ist schon eine große Sache, eine ganz ursprüngliche Weiblichkeit zu finden, traut man sich aber, die Verwandlung zu wagen, dann hat man das Interessante. In einem solchen Fall ist es das beste, ihr ganz einfach einen Freier zu verschaffen. Es ist ein Aberglaube, den die Leute haben, daß das einem jungen Mädchen schadet. – Ja, ist sie eine sehr schöne und zarte Pflanze, die nur einen Glanzpunkt in ihrem Leben hat: Anmut, dann ist es doch immer das beste, daß sie nie den Namen Liebe gehört hat, ist das aber nicht der Fall, dann ist es ein Gewinn, und ich würde nie Bedenken haben, einen Freier herbeizubringen, wenn keiner da wäre. Dieser Freier darf auch keine Karikatur sein, denn damit wird nichts gewonnen; es muß ein respektabler junger Mann sein, wenn möglich auch liebenswert, aber für ihre Leidenschaft doch zu wenig. Sie sieht über einen solchen Menschen hinweg, sie bekommt eine Abneigung gegen die Liebe, sie verzweifelt nahezu an ihrer eigenen Realität, wenn sie ihre Bestimmung fühlt und sieht, was die Wirklichkeit bietet, wenn zu lieben, sagt sie sich, nichts anderes ist, dann ist es nicht weit her damit. Sie bleibt stolz in ihrer Liebe, dieser Stolz macht sie interessant, er durchstrahlt ihr Wesen mit einer höheren Inkarnation, aber zugleich ist sie ihrem Fall näher, aber das alles macht sie beständig mehr und mehr interessant. Indessen wird es aber besser sein, sich ihrer Bekanntschaften zu versichern, um zu sehen, ob es darunter nicht einen solchen Freier gibt. Zu Hause bietet sich keine Möglichkeit, denn es kommt so gut wie niemand, aber sie geht doch aus, und da könnte sich ein solcher finden. Einen herbeizuschaffen, bevor man das weiß, ist immer bedenklich; zwei Freier, jeder für sich unbedeutend, könnten durch ihre Relativität nachteilig wirken. Ich muß jetzt feststellen, ob es nicht einen sogenannten heimlich Liebenden gibt, der nicht den Mut hat, das Haus zu stürmen, einen Hühnerdieb, der in einem so klösterlichen Haus keine Gelegenheit sieht.

Es wird also das strategische Prinzip, das Gesetz für alle Bewegungen in diesem Feldzug sein, sie stets in einer interessanten Situation zu berühren. Das Interessante ist also das Gebiet, auf dem der Kampf geführt werden soll, die Potenz des Interessanten soll ausgeschöpft werden. Wenn ich mich nicht sehr irre, dann ist auch ihre ganze Art darauf angelegt, so daß das, was ich verlange, genau das ist, was sie gibt, ja das, was sie verlangt. Das ist es, worauf es ankommt, herauszubekommen, was die einzelne geben kann und was sie, als Folge davon, fordert. Meine Liebesgeschichten haben daher immer eine Realität für mich selbst, sie machen einen Moment des Lebens aus, eine Bildungs-Periode, über die ich genau Bescheid weiß, oft ist damit noch die eine oder andere Geschicklichkeit verknüpft; um des ersten Mädchens willen, das ich liebte, lernte ich tanzen, ich lernte einer kleinen Tänzerin wegen französisch zu sprechen. Damals ging ich wie alle Narren zu Markte, wurde oft genarrt. Jetzt verlege ich mich auf den Vorkauf. Vielleicht hat sie inzwischen eine Seite des Interessanten ausgeschöpft, ihr zurückgezogenes Leben scheint darauf hinzuweisen. Es gilt also eine andere Seite zu finden, die ihr auf den ersten Blick gar nicht so vorkommt, die aber gerade aufgrund dieses Anstoßes für sie interessant wird. Zu dem Zweck wähle ich nicht das Poetische, sondern das Prosaische. Hiermit also der Anfang. Zuerst wird ihre Weiblichkeit durch prosaisches Verständnis und Spott neutralisiert, nicht direkt, sondern indirekt, wie durch das absolut Neutrale: Geist. Sie verliert vor sich selbst beinahe ihre Weiblichkeit, aber in diesem Zustand kann sie nicht mit sich alleine bleiben, sie wirft sich in meine Arme, nicht als einem Geliebten, nein, noch ganz neutral, jetzt erwacht die Weiblichkeit, man lockt sie hervor bis zu ihrer höchsten Elastizität, man läßt sie gegen die eine oder andere wirkliche Grenze stoßen, sie geht darüber hinaus, ihre Weiblichkeit erreicht nahezu übernatürliche Höhe, sie gehört mir mit einer allumfassenden irdischen Leidenschaft.

d. 5.

Weit brauchte ich dafür nicht zu gehen. Sie verkehrt im Haus des Grossisten Baxter. Dort habe ich nicht nur sie gefunden, sondern auch einen Menschen, der mir ebenso gelegen kam. Edvard, der Sohn des Hauses, ist unsterblich in sie verliebt, das erkennt man schon mit halbem Auge, wenn man in seine beiden sieht. Er ist kaufmännisch tätig im Kontor seines Vaters, ein schmucker Mann, recht angenehm, etwas schüchtern, was ihm, wie ich glaube, in ihren Augen nicht schadet.

Armer Edvard! Er weiß einfach nicht, wie er es mit seiner Liebe anfangen soll. Wenn er weiß, daß sie am Abend kommt, macht er nur für sie Toilette, zieht seinen neuen schwarzen Anzug für sie an, Manschetten nur für sie, und macht so fast eine lächerliche Figur im Wohnzimmer mit der im übrigen alltäglichen Gesellschaft. Seine Verlegenheit grenzt ans Unglaubliche. Wäre es eine Maske, so wäre Edvard für mich ein gefährlicher Nebenbuhler. Verlegenheit zu benutzen, dazu gehört große Kunst, aber man erreicht auch viel damit. Wie oft habe ich nicht Verlegenheit angewandt, um eine kleine Jungfer zu narren. Im allgemeinen äußern sich junge Mädchen recht hart über verlegene Mannsbilder, und doch haben sie sie insgeheim gern. Ein wenig Verlegenheit schmeichelt der Eitelkeit eines solchen jungen Mädchens, sie fühlt ihre Überlegenheit, das ist Handgeld. Wenn man sie so eingeschläfert hat, zeigt man gerade bei einer Gelegenheit, bei der sie glauben mußten, daß man vor Verlegenheit sterben würde, daß man weit davon entfernt ist, daß man ganz gut alleine gehen kann. Mit Verlegenheit verliert man seine männliche Bedeutung, und deshalb ist sie auch ein relativ gutes Mittel, das Geschlechtsverhältnis zu neutralisieren, sie schämen sich, wenn sie merken, daß es nichts als eine Maske war, erröten innerlich, sie fühlen sehr gut, daß sie gewissermaßen ihre Grenze überschritten haben; es ist etwa so, wie wenn man zu lange fortfährt, einen Jungen als Kind zu behandeln.

d. 7.

So sind wir also Freunde, Edvard und ich; eine wahre Freundschaft, ein gutes Verhältnis besteht zwischen uns, wie es das seit Griechenlands schönsten Tagen nicht mehr gegeben hat. Wir wurden bald Vertraute, als ich ihn, nachdem ich ihn in eine Mannigfaltigkeit von Betrachtungen über Cordelia verwickelt hatte, dazu brachte, sein Geheimnis zu gestehen. Es versteht sich, wenn alle Geheimnisse zusammenkommen, kann dieses mitgehen. Armer Kerl, er hat schon lange sehnsüchtig geseufzt. Jedesmal, wenn sie kommt, putzt er sich, bringt sie dann abends nach Hause, sein Herz klopft bei dem Gedanken, daß ihr Arm auf dem seinen ruht, sie gehen nach Hause, betrachten die Sterne, er klingelt an ihrer Haustür, er verschwindet, er verzweifelt – aber er hofft auf das nächste Mal. Er hat noch nicht den Mut gehabt, den Fuß über ihre Türschwelle zu setzen, er, der so reichlich Gelegenheit dazu hat. Obwohl ich es nicht lassen kann, im stillen über Edvard zu spotten, so liegt doch etwas Schönes in seiner Kindlichkeit. Ungeachtet dessen, daß ich mir an sich einbilde, ziemlich bewandert zu sein auf dem gesamten erotischen Gebiet, habe ich doch bei mir selbst nie diesen Zustand beobachtet, diese Angst und dieses

Beben der Verliebtheit, das heißt, in solchem Grad, daß er mir die Fassung rauben könnte, denn sonst kenne ich ihn schon, aber für mich ist er so, daß er mich eher stärker macht. Jemand könnte vielleicht sagen, ich wäre also nie richtig verliebt gewesen; vielleicht. Ich habe Edvard geschmäht, ich habe ihn ermuntert, sich auf meine Freundschaft zu verlassen. Morgen wird er einen entscheidenden Schritt tun, selbst hingehen und sie einladen. Ich habe ihn auf die verzweifelte Idee gebracht, mich zu bitten, mitzukommen; ich habe es ihm versprochen. Er sieht das als einen außerordentlichen Freundschaftsdienst an. Die Gelegenheit ist genau so, wie ich sie mir wünsche, nämlich mit der Tür ins Haus zu fallen. Sollte sie den leisesten Zweifel über die Bedeutung meines Auftretens haben, so soll mein Auftreten abermals alles verwirren.

Bisher war ich nicht gewohnt, mich auf meine Konversation vorzubereiten, jetzt ist es für mich eine Notwendigkeit geworden, um die Tante zu unterhalten. Ich habe nämlich die ehrenwerte Aufgabe übernommen, sie zu unterhalten und damit Edvards verliebte Regungen Cordelia gegenüber zu decken. Die Tante hat früher auf dem Land gelebt, und ich mache sowohl durch meine eigenen sorgfältigen Studien in landwirtschaftlichen Schriften wie auch durch die auf Erfahrung begründeten Mitteilungen der Tante bedeutende Fortschritte in Erkenntnis und Tüchtigkeit.

Bei der Tante mache ich vollkommen mein Glück, sie hält mich für einen gesetzten und beständigen Menschen, mit dem man sich mit Vergnügen einlassen kann, der nicht wie unsere Modejünglinge ist. Bei Cordelia scheine ich nicht besonders gut angeschrieben zu sein. Doch sie ist von zu reiner unschuldiger Weiblichkeit, um zu fordern, daß ein jeder Mann ihr seine Aufwartung machen soll, aber dennoch fühlt sie allzusehr das Aufrührerische in meiner Existenz.

Wenn ich so in dem gemütlichen Wohnzimmer sitze, wenn sie wie ein guter Engel überall Liebreiz verbreitet, über alle, die mit ihr in Berührung kommen, über Gute und Böse, dann werde ich zuweilen ungeduldig im Inneren, bin ich versucht, aus meinem Versteck hervorzustürzen; denn obgleich ich auch vor aller Augen im Wohnzimmer sitze, bin ich doch auf der Lauer; ich bin versucht, ihre Hand zu ergreifen, das Mädchen ganz zu umarmen, sie in mir zu verbergen, aus Angst, daß jemand sie mir rauben könnte. Oder wenn Edvard und ich sie am Abend verlassen, wenn sie mir zum Abschied die Hand reicht, wenn ich sie in der meinen halte, fällt es mir bisweilen schwer, den Vogel aus der Hand schlüpfen zu lassen. Geduld – *quod antea fuit impetus, nunc ratio est* – sie muß auf ganz andere Art in mein Netz eingesponnen werden, und dann lasse ich plötzlich die ganze Macht der Liebe losbrausen. Wir haben uns diesen Augenblick nicht mit Naschen verdorben, mit unzeitiger Vorwegnahme, dafür kannst Du mir danken, meine Cordelia. Ich arbeite daran, das

Gegenteil zu entwickeln, ich spanne den Bogen der Liebe, um desto tiefer zu verwunden. Wie ein Bogenschütze entspanne ich die Sehne, spanne sie wieder, höre ihren Klang, der meine Kriegsmusik ist, aber ich ziele noch nicht, lege den Pfeil noch nicht auf die Sehne.

Wenn eine kleine Zahl von Personen oft in demselben Zimmer miteinander in Berührung kommt, so ergibt sich leicht eine Gewohnheit daraus, wo ein jeder seinen Platz hat, seinen Standort, es wird einem zum Bild, das man vor sich aufrollen kann, wann man will, eine Karte des Terrains. So leben wir nun auch in dem Wahlschen Haus, ein gesellschaftliches Bild. Abends trinkt man Tee. Im allgemeinen wechselt die Tante dann, die bis dahin im Sofa gesessen hat, zu dem kleinen Nähtisch, dem Platz, den Cordelia ihrerseits verlassen hat, sie rückt zum Teetisch heran vor dem Sofa, gefolgt von Edvard, ich folge der Tante. Edvard sucht Geheimnistuerei, er möchte flüstern, im allgemeinen macht er das so gut, daß er rein stumm wird, ich mache kein Geheimnis aus meinen Ergüssen vor der Tante, über Marktpreise, einer Berechnung darüber, wieviel Kellen Milch für ein Pfund Butter gebraucht werden, durch das Medium der Sahne und der Dialektik des Butterfasses hindurch, das sind wirklich Dinge, von denen ein jedes junges Mädchen nicht nur hören kann, ohne Schaden zu nehmen, sondern was weit seltener ist, es ist eine solide und erbauliche Unterhaltung, gleich veredelnd für Kopf und Herz. Gewöhnlich sitze ich mit dem Rücken zum Teetisch und zu Edvards und Cordelias Schwärmerei, ich schwärme mit der Tante. Und ist nicht die Natur groß und weise in ihren Erzeugnissen, welch köstliche Gabe ist nicht die Butter, welch herrliches Ergebnis von Natur und Kunst. Die Tante wird gewiß nicht hören können, was zwischen Edvard und Cordelia gesprochen wird, vorausgesetzt, daß wirklich etwas gesagt wird, das habe ich Edvard versprochen, und ich halte immer mein Wort. Hingegen kann ich ausgezeichnet jedes einzelne Wort hören, das gewechselt wird, jede einzelne Bewegung wahrnehmen. Das ist wichtig für mich, denn man weiß nie, auf welches Wagnis ein Mensch in seiner Verzweiflung verfallen kann. Die vorsichtigsten und verzagtesten Menschen wagen zuweilen die verwegensten Sachen. Obgleich ich somit nicht das mindeste mit den beiden einsamen Menschen zu tun habe, kann ich Cordelia doch gut anmerken, daß ich ständig zwischen ihr und Edvard unsichtbar zugegen bin.

Das ist doch ein eigenes Bild, das wir vier zusammen abgeben. Wollte ich an bekannte Bilder denken, so könnte ich wohl eine Analogie finden, insofern ich für mich selbst an *Mephistopheles* denke; die Schwierigkeit dabei ist nur, daß *Edvard* kein *Faust* ist. Mache ich mich selbst zu Faust, so ergibt sich wieder die Schwierigkeit, daß Edvard gewiß kein Mephistopheles ist. Auch ich bin kein Mephistopheles, am allerwenigsten in Edvards Augen. Er hält mich für den guten Geist seiner Liebe, und daran tut er gut, zumindest kann er dessen sicher sein, daß niemand fürsorglicher über seine Liebe wachen kann als ich. Ich habe ihm versprochen, mich mit der Tante zu unterhalten, und ich führe diese ehrenwerte Aufgabe mit allem Ernst aus. Die Tante verschwindet fast vor unseren Augen in lauter Landwirtschaft; wir gehen durch Küche und Keller, auf den Dachboden, sehen nach den Hühnern und Enten, Gänsen usw. All das verachtet Cordelia. Was ich eigentlich will, kann sie natürlich nicht begreifen. Ich bleibe ein Rätsel für sie, aber ein Rätsel, das zu lösen sie nicht reizt, sondern sie verbittert, ja sie entrüstet. Sie fühlt sehr wohl, daß die Tante fast lächerlich wird, und doch ist die Tante eine so ehrwürdige Dame, daß sie das gewiß nicht verdient. Auf der anderen Seite mache ich es so gut, daß sie sehr wohl fühlt, daß es vergeblich sein würde, wollte sie versuchen, mich ins Wanken zu bringen. Zuweilen treibe ich es so weit, daß ich Cordelia dazu bringe, in aller Heimlichkeit über die Tante zu lächeln. Das sind Studien, die gemacht werden müssen. Nicht, daß ich sie zusammen mit Cordelia machte, keineswegs, dann brächte ich sie nie dazu, über die Tante zu lächeln. Ich bleibe unverändert ernsthaft gründlich; aber sie kann das Lächeln nicht lassen. Das ist die erste falsche Lehre: wir müssen sie lehren, ironisch zu lächeln; aber dieses Lächeln trifft fast ebenso sehr mich wie die Tante, denn sie weiß einfach nicht, was sie von mir halten soll. Es wäre doch möglich, daß ich einer von diesen jungen Menschen bin, die zu früh alt geworden sind, das wäre möglich; ein anderes wäre auch möglich, ein drittes auch usw. Wenn sie dann über die Tante gelächelt hat, so entrüstet sie sich über sich selbst, ich drehe mich um, und während ich fortfahre, mit der Tante zu sprechen, sehe ich ganz ernst zu ihr hin, dann lächelt sie über mich, über die Situation.

Unser Verhältnis ist nicht das zärtlicher und aufrichtiger Umarmungen des Verstehens, es ist nicht das gegenseitiger Anziehungskraft, es ist das Zurückweisen von Mißverständnissen. Mein Verhältnis zu ihr ist eigentlich gar keins; es ist rein geistig, was natürlich im Verhältnis zu einem jungen Mädchen schlechthin gar nichts ist. Die Methode, die ich jetzt befolge, hat jedoch ihre außerordentlichen Bequemlichkeiten. Ein Mensch, der als Kavalier auftritt, weckt Mißtrauen und richtet vor sich selbst einen Widerstand auf; von all dem bin ich befreit. Man bewacht mich nicht, im Gegenteil, man wird mich eher als einen zuverlässigen Menschen ansehen, der geeignet ist, das junge Mädchen zu bewachen. Die Methode hat nur den einen Fehler, daß sie langsam ist, man kann sie deshalb und nur mit Vorteil bei Individuen anwenden, bei denen es das Interessante zu gewinnen gilt.

Welche verjüngende Macht hat doch ein junges Mädchen, nicht die Frische der Morgenluft, nicht des Windes Brausen, nicht des Meeres Kühle, nicht der Duft des Weines, nicht dessen Lieblichkeit – nichts auf der Welt hat diese verjüngende Macht.

Bald hoffe ich, sie soweit gebracht zu haben, daß sie mich haßt. Ich habe ganz die Gestalt eines Junggesellen angenommen. Ich rede von nichts anderem als behaglich zu sitzen, bequem zu liegen, einen zuverlässigen Diener zu haben, einen Freund mit festem Halt, so daß man sich recht auf ihn verlassen kann, wenn man Arm in Arm mit ihm geht. Kann ich jetzt die Tante dazu bringen, die landwirtschaftlichen Betrachtungen aufzugeben, so führe ich sie darin ein, um einen direkten Anlaß zur Ironie zu haben. Über einen Junggesellen kann man lachen, ja etwas Mitleid mit ihm haben, aber ein junger Mensch, der doch nicht ohne Geist ist, entrüstet mit einem solchen Betragen ein junges Mädchen, die ganze Bedeutung ihres Geschlechts, dessen Schönheit und Poesie wird zunichte gemacht.

So gehen die Tage dahin, ich sehe sie, spreche aber nicht mit ihr, ich spreche mit der Tante in ihrer Gegenwart. Des Nachts kann es mir einfallen, meiner Liebe Luft zu machen. Dann gehe ich in meinen Mantel gehüllt, den Hut über die Augen gezogen, vor ihrem Fenster auf und ab. Ihr Schlafzimmer geht zum Hof, ist aber, weil das Haus ein Eckhaus ist, von der Straße aus zu sehen. Bisweilen steht sie dort einen Augenblick am Fenster, oder sie öffnet es, sieht hinaus zu den Sternen, unbemerkt von allen, außer dem einen, von dem sie sich von allen am wenigsten bemerkt glaubt. In solchen Nachtstunden gehe ich wie ein Geist umher, als Geist bewohne ich den Platz, an dem ihre Wohnung ist.

Dann vergesse ich alles, habe keine Pläne, keine Berechnungen, werfe den Verstand über Bord, weite und stärke meine Brust durch tiefe Seufzer, eine Bewegung, die ich brauche, um nicht unter dem Systematischen in meinem Verhalten zu leiden. Andere sind tugendsam am Tag, sündigen in der Nacht, ich verstelle mich am Tag, in der Nacht bin ich lauter Verlangen. Wenn sie mich hier sehen würde, wenn sie in meine Seele hineinsehen könnte – wenn.

Wenn dieses Mädchen sich selbst verstehen will, muß es einräumen, daß ich ein Mann für sie bin. Sie ist zu heftig, zu tief bewegt, um in einer Ehe glücklich zu werden; es wäre zu wenig, sie durch einen ganz gewöhnlichen Verführer zu Fall zu bringen; verfällt sie mir, dann rettet sie das Interessante aus diesem Schiffbruch. Sie muß an ihrem Verhältnis zu mir, wie die Philosophen es mit einem Wortspiel sagen: zugrunde gehn.

Sie ist es eigentlich leid, Edvard zuzuhören. Wie das immer so ist, wo dem Interessanten enge Grenzen gesetzt sind, entdeckt man um so mehr. Bisweilen lauscht sie meiner Unterhaltung mit der Tante. Wenn ich es bemerke, dann kommt eine fern am Horizont aufblitzende Andeutung von einer ganz anderen Welt, zum Erstaunen der Tante wie von Cordelia. Die Tante sieht den Blitz, hört aber nichts, Cordelia hört Stimmen, sieht aber nichts. Im selben Augenblick ist indes alles wieder in seiner gewohnten Ordnung, die Unterhaltung zwischen der Tante und mir geht ihren einförmigen Gang, gleich den Postpferden in der Stille der Nacht; die Wehmut der Teemaschine begleitet sie. In solchen Augenblicken kann es im Wohnzimmer bisweilen ungemütlich werden, besonders für Cordelia. Sie hat niemanden, mit dem sie sprechen oder dem sie zuhören kann. Wendet sie sich an Edvard, dann läuft sie Gefahr, daß er in seiner Verlegenheit eine Dummheit begeht; wendet sie sich zur anderen Seite, zur Tante und zu mir, dann weckt die Sicherheit, die hier herrscht, der monotone Hammerschlag der taktfesten Unterhaltung gegenüber Edvards Unsicherheit den unangenehmsten Gegensatz. Ich kann gut begreifen, daß es Cordelia vorkommen muß, als sei die Tante verhext, so vollkommen bewegt sie sich im Tempo meines Taktes. An dieser Unterhaltung teilnehmen kann sie ebenfalls nicht; denn eines der Mittel, das ich auch gebrauche, um sie zu empören, ist, daß ich mir erlaube, sie ganz wie ein Kind zu behandeln. Nicht, daß ich mir deshalb erlaubte mir irgendwelche Freiheiten ihr gegenüber herauszunehmen, ganz und gar nicht, ich weiß gut, wie störend das wirken kann; und es geht doch vor allem darum, daß ihre Weiblichkeit sich wieder rein und schön erheben kann. Aufgrund meines intimen Verhältnisses zur Tante ist es für mich leicht, sie wie ein Kind zu behandeln, das nichts von der Welt versteht. Damit wird ihre Weiblichkeit nicht beleidigt, sondern nur neutralisiert; denn ihre Weiblichkeit kann es nicht beleidigen, daß sie nicht über Marktpreise Bescheid weiß, wohl aber kann es sie empören, daß es das Höchste im Leben sein soll. Die Tante überbietet sich selbst mit meinem kräftigen Beistand in dieser Richtung. Sie ist fast fanatisch geworden, etwas wofür sie mir danken kann. Das einzige, mit dem sie sich bei mir nicht abfinden kann, ist, daß ich gar nichts bin. Jetzt habe ich es mir zur Gewohnheit gemacht, jedesmal wenn die Rede von einer freien Stelle ist, zu sagen: dieses Amt sei etwas für mich, und um dann äußerst ernst mit ihr darüber zu sprechen. Cordelia erkennt stets die Ironie, gerade das ist es, was ich will.

Armer Edvard! Schade, daß er nicht Fritz heißt. Jedesmal wenn ich in meinen stillen Erwägungen bei meinem Verhältnis zu ihm verweile, muß ich immer an den Fritz in der »Braut« denken. Edvard ist übrigens wie dieses sein Vorbild, Korporal in der Bürgerwehr. Wenn ich ehrlich sein soll, so ist Edvard auch ziemlich langweilig. Er greift die Sache nicht richtig an, er tritt immer geschniegelt und gestriegelt auf. Aus Freundschaft zu ihm erscheine ich, unter uns gesagt, so nachlässig wie möglich. Armer Edvard! Das einzige, das mir beinahe leid tut, ist, daß er mir so unendlich verbunden ist, daß er fast nicht weiß, wie er mir danken soll. Mir dafür danken zu lassen, das ist wirklich zuviel.

Weshalb könnt ihr denn nicht hübsch ruhig sein? Was habt ihr den ganzen Morgen über anderes getan, als an meiner Markise gerüttelt, an meinem Spiegelspion und der Schnur daran gezogen, mit dem Klingelzug für die dritte Etage gespielt, gegen die Fensterscheiben gestoßen, kurzum auf jede Art und Weise eure Gegenwart verkündet, als wolltet ihr mich zu euch herauslocken? Ja, das Wetter ist ganz gut, aber ich habe keine Lust, laßt mich zu Hause bleiben ... Ihr ausgelassenen Zephyre, ihr fröhlichen Knaben, ihr könnt ja alleine gehen; treibt wie immer eure Kurzweil mit den Mädchen. Ja, ich weiß es, niemand versteht es, ein junges Mädchen so verführerisch zu umfassen wie ihr; vergeblich versucht sie, sich von euch abzuwenden, sie kann sich aus euren Schlingen nicht befreien – und sie will es auch nicht; denn ihr kühlt und labt, regt nicht auf ... geht euren eigenen Weg! Haltet mich da heraus ... dann hättet ihr keinen Spaß daran meint ihr, ihr tut es nicht euretwegen ... Nun gut, ich komme mit, aber unter zwei Bedingungen. Erstens: am Kongens Nytorv wohnt ein junges Mädchen, sie ist sehr reizend, hat aber zugleich die Unverschämtheit, mich nicht lieben zu wollen, ja, was schlimmer ist, sie liebt einen anderen, und das geht so weit, daß sie zusammen Arm in Arm spazieren gehen. Ich weiß, daß er sie um ein Uhr abholen wird. Ihr versprecht mir jetzt, daß die stärksten Bläser unter euch sich irgendwo in der Nähe versteckt halten bis zu dem Augenblick, in dem er mit ihr aus der Haustüre tritt. In dem Augenblick, in dem er in die große Kongensgade einbiegen will, stürzt das Detachement vor, nimmt ihm auf die höflichste Art und Weise den Hut vom Kopf und hält ihn in gleichbleibender Geschwindigkeit immer in einem Meter Abstand von ihm; nicht schneller, denn dann könnte es sein, daß er wieder nach Hause geht. Er glaubt beständig, ihn im nächsten Augenblick zu ergreifen; er läßt nicht einmal ihren Arm los. Auf diese Art führt ihr ihn und sie durch die große Kongensgade am Wall entlang nach Nörreport bis zum Höibroplatz ... Wieviel Zeit wird dabei wohl vergehen? Ich denke etwa eine halbe Stunde. Genau um halb zwei komme ich von der Östergade. Wenn nun dieses Detachement die Liebenden bis mitten auf den Platz geleitet hat, dann führt ihr einen gewaltsamen Angriff auf sie aus, bei dem ihr auch ihr den Hut vom Kopfe reißt, ihre Locken durcheinander bringt und ihr den Schal wegnehmt, während unterdessen sein Hut unter Jubel höher und höher steigt; kurzum, ihr verursacht ein Durcheinander, so daß das ganze hochgeehrte Publikum, nicht nur ich, in schallendes Gelächter ausbricht, die Hunde zu bellen beginnen, die Turmwächter zu läuten. Ihr macht das so, daß ihr Hut zu mir hinfliegt, der der Glückliche sein wird, ihn ihr zu überreichen. Zweitens: die Abteilung, die mir folgt, gehorcht jedem meiner Winke, hält sich in den Grenzen der Schicklichkeit, beleidigt kein junges Mädchen, erlaubt sich keine größere Freiheit, damit ihre empfindliche Seele bei dem ganzen Spuk ihre Freude, die Lippen ihr Lächeln, das Auge seine Ruhe bewahren kann, und das Herz ohne Angst bleibt. Wagt ihr es, euch anders aufzuführen, so sollen eure Namen für immer verflucht sein. – Und nun fort zu Leben und Freude, zu Jugend und Schönheit; zeigt mir, was ich oft gesehen habe, was ich nie müde werde zu sehen, zeigt mir ein schönes junges Mädchen, entfaltet ihre Schönheit so vor mir, daß sie selbst noch schöner wird; prüft sie so, daß sie Freude an dieser Prüfung hat! – – – Ich nehme die Bredgade, aber ich kann, wie ihr wißt, über meine Zeit nur bis halb zwei verfügen. — — —

Dort kommt ein junges Mädchen, geputzt und geschnürt, heute ist ja auch Sonntag ... Kühlt sie ein wenig, fächelt ihr Kühle zu, gleitet in sachten Strömungen über sie hinweg, umfaßt sie mit eurer unschuldigen Berührung! Wie ahne ich das zarte Erröten der Wangen, die Lippen leuchten stärker, der Busen hebt sich ... nicht wahr, mein Kind, es ist unbeschreiblich, es ist ein seliger Genuß, die frische Luft zu atmen? Der kleine Kragen wiegt sich wie ein Blatt. Wie gesund und kräftig sie atmet. Ihr Schritt verlangsamt sich, sie wird fast von dem leichten Luftzug getragen, wie eine Wolke, wie ein Traum ... Blast etwas stärker, in längeren Zügen! ... Sie sammelt sich; die Arme verschränken sich über dem Busen, den sie vorsichtig bedeckt, damit kein Luftzug ihm zu nahe kommt, um sich geschmeidig und kühl unter die leichte Bedeckung einzuschleichen ... Ihre Farbe wird frischer, ihre Wange voller, das Auge klarer, der Gang bestimmter. Jede Versuchung verschönt den Menschen. Ein jedes junges Mädchen sollte sich in Zephyr verlieben; denn kein Mann versteht es so wie er, mit ihr streitend ihre Schönheit zu erhöhen ... Ihr Körper beugt sich leicht nach vorne, ihr Kopf den Fußspitzen zu ... verweilt ein wenig! Das ist zuviel, ihre Figur wird breit, verliert seine schöne Schmalheit ... labt sie ein wenig! ... Nicht wahr, mein Mädchen, es ist erquickend, dieses erfrischende Erschauern zu fühlen, wenn man sich erhitzt hat; man könnte die Arme aus Dankbarkeit ausbreiten, vor Freude über das Dasein ... Sie wendet sich zur Seite ... Jetzt schnell ein kräftiges Blasen, damit ich die Schönheit der Formen ahnen kann! ... Etwas stärker! Damit sich das Tuch noch fester anlegt ... Das ist zuviel! Die Stellung wird unschön, der leichte Schritt gestört ... Sie dreht sich wieder um ... Jetzt blast zu, stellt sie auf die Probe! ... Das ist genug, das ist zuviel: eine der Locken hat sich gelöst, ... nehmt euch doch zusammen! – – – Dort kommt ein ganzes Regiment anmarschiert.

> *Der eine ist verliebt gar sehr;*
> *Der andere wäre es gerne.*

Ja, es ist unstreitbar eine schlechte Einstellung im Leben, am linken Arm eingehängt mit seinem zukünftigen Schwager zu gehen. Für ein Mädchen ist das ungefähr dasselbe wie für einen Mann Hilfsschreiber zu sein ... Aber der Hilfsschreiber kann avancieren; er hat zugleich seinen Platz im Kontor, er ist bei außerordentlichen Angelegenheiten dabei, was nicht das Los der Schwägerin ist; sie aber avanciert dafür nicht so langsam – wenn sie avanciert und in ein anderes Kontor versetzt wird ... Jetzt frisch zu geblasen! Wenn man einen festen Punkt hat, an den man sich halten kann, so kann man schon Widerstand leisten ... Die Mitte drängt kräftig voran, die Flügel kommen nicht mit ... Er steht fest genug, der Wind kann ihn nicht erschüttern, dafür ist er zu jung – aber auch zu schwer, als daß die Flügel ihn von der Erde emporheben könnten. Er stürmt voran, um zu zeigen – daß er schwerfällig ist; aber je unbeweglicher er steht, desto mehr leidet das gute Kind darunter... Meine schönen Damen, darf ich ihnen nicht mit einem guten Rat aufwarten: laßt den zukünftigen Mann und Schwager los, versucht alleine zu gehen und ihr werdet sehen, daß ihr viel mehr Vergnügen daran haben werdet... Jetzt blast etwas sanfter... Wie sie sich in den Wogen des Windes tummeln; bald befinden sie sich einander gegenüber, seitlich die Straße hinunter – könnte eine Tanzmusik eine lustigere Fröhlichkeit erzeugen, und doch läßt der Wind nicht nach, wird stärker... Jetzt fegen sie Seite an Seite mit vollen Segeln die Straße hinunter – kann irgendein Walzer ein junges Mädchen verführerischer hinreißen, und doch läßt der Wind nicht nach, er trägt... Jetzt wenden sie sich dem Mann und Schwager zu... Nicht wahr, ein wenig Widerstand ist angenehm, man kämpft gerne, um zu erlangen, was man liebt; und man erreicht auch das, wofür man kämpft, es gibt eine höhere Führung, die der Liebe zu Hilfe kommt, seht, deshalb ist der Wind auf Seiten des Mannes... Habe ich das nicht gut eingerichtet: hat man den Wind im Rücken, dann kann man leicht am Geliebten vorbeisteuern, wenn man ihn jedoch gegen sich hat, dann kommt man in eine angenehme Bewegung, dann flieht man auf den Geliebten zu, und der Hauch des Windes läßt einen gesunder, verlockender und verführerischer erscheinen und der Hauch des Windes kühlt die Frucht der Lippen, die am liebsten gekühlt genossen sein will, denn sie sind so heiß, wie Champagner erhitzt, wenn er fast gefriert... Wie sie lachen, wie sie sprechen – der Wind trägt die Worte fort – was gibt es denn zu besprechen? – und sie lachen wieder und beugen sich vor dem Wind und halten den Hut fest und achten auf die Füße ... Haltet an, damit das junge Mädchen nicht ungeduldig wird und zornig oder bange vor uns! – – Recht so, resolut und gewaltig, das rechte Bein vor das linke ... Wie dreist und keck sie sich in der Welt umsieht ... Sehe ich richtig, sie geht ja eingehängt, also verlobt. Laß mich sehen, mein Kind, welches Geschenk du vom Weihnachtsbaum des Lebens erhalten hast ... O ja! Das sieht wirklich danach aus, ein ganz solider Verlobter zu sein. Sie ist im ersten Stadium der Verlobung, sie liebt ihn – schon möglich, aber ihre Liebe flattert, weit und offen, locker um ihn; sie besitzt noch den Mantel der Liebe, der viel verbergen kann ... blast noch ein wenig! ... Ja wenn man so schnell geht, ist es kein Wunder, daß die Hutbänder sich im Wind straffen, so daß es aussieht, als trügen diese, wie Flügel, die leichte Gestalt – und ihre Liebe – auch sie folgt wie ein Elfenschleier, mit dem der Wind spielt. Ja, wenn man so die Liebe sieht, dann erscheint sie so weit; aber wenn man sie sich anziehen soll, wenn aus dem Schleier ein Alltagskleid genäht werden soll – dann reicht er nicht aus für viele Rüschen ... Nein, Gott bewahre! Wenn man den Mut gehabt hat, einen entscheidenden Schritt für das ganze Leben zu wagen, dann sollte man nicht den Mut haben, direkt gegen den Wind zu gehen. Wer zweifelt daran? Ich nicht; kein Jähzorn, mein kleines Fräulein, kein Jähzorn. Die Zeit ist ein schlimmer Zuchtmeister, und der Wind ist auch nicht schlecht ... Neckt sie ein wenig ... Wo ist das Taschentuch geblieben? ... Nun, sie haben es wieder erwischt ... Jetzt löste sich das eine Hutband ... das ist wirklich höchst genierlich für den Zukünftigen, der anwesend ist ... Dort kommt eine Freundin, die sie grüßen müssen. Es ist das erste Mal, daß sie sie als Verlobte sieht; um sich als solche zu zeigen, sind sie ja hier auf der Bredgaden und wollen noch weiter zur Langelinie hinaus. Soviel ich weiß, ist es schick, daß Ehepaare am ersten Sonntag nach der Hochzeit in die Kirche gehen, die Verlobten hingegen auf die Langelinie. Ja, eine Verlobung hat wirklich im allgemeinen auch viel gemeinsam mit der Langelinie ... Passen Sie auf, der Wind erfaßt Ihren Hut, halten Sie ihn etwas fest, beugen Sie den Kopf ... Das ist doch wirklich fatal, Sie konnten die Freundin einfach nicht grüßen, hatten nicht die Ruhe, mit überlegener Miene zu grüßen, die ein verlobtes junges Mädchen gegenüber einem nicht verlobten zeigen muß ... Jetzt blast etwas sachter ... jetzt kommen die guten Tage ... wie sie sich an den Liebsten anklammert, sie ist ihm so weit voraus, daß sie den Kopf zurückdrehen und ihn ansehen und sich über ihn freuen kann, ihr Reichtum, ihr Glück, ihre Hoffnung, ihre Zukunft ... O, mein Mädchen, Du machst zuviel aus ihm ... Oder hat er es nicht mir und dem Wind zu danken, daß er so kraftvoll aussieht. Und hast Du es nicht mir und den sanften Lüften, die Dir jetzt Heilung bringen und Dich deinen Schmerz vergessen lassen, zu danken, daß Du selbst so lebensfroh, so sehnsuchtsvoll, so ahnend aussiehst?

> *Und ich, ich will keinen Studenten haben,*
> *Der die ganze Nacht liegt und liest*

Nein, ich will einen Offizier haben,
Der eine Feder am Helm trägt.

Das sieht man Ihnen gleich an, mein Kind, da liegt etwas in Ihrem Blick ... Nein, Ihnen ist keineswegs mit einem Studenten gedient ... Aber weshalb ausgerechnet ein Offizier? Könnte nicht ein Kandidat, der mit dem Studium fertig ist, könnte er es nicht ebenso sein ... In diesem Augenblick kann ich Ihnen jedoch weder mit einem Offizier noch mit einem Kandidaten dienen. Hingegen kann ich Ihnen mit einigen leichten Abkühlungen dienen. Jetzt blast etwas stärker! ... So ist es recht, werfen Sie den Seidenschal über die Schultern; gehen Sie ganz langsam, dann werden die Wangen ein wenig blasser und der Glanz der Augen ist nicht mehr so stark ... so. Ein wenig Bewegung, besonders bei so schönem Wetter wie heute, und ein wenig Geduld, dann werden Sie Ihren Offizier schon bekommen. – – Das ist ein Paar, das füreinander bestimmt ist. Welche Taktfestigkeit im Gang, welche Sicherheit im ganzen Auftreten, das auf gegenseitigem Vertrauen beruht, welche *harmonia praestabilita* in allen Bewegungen, welche selbstgefällige Gründlichkeit. Ihre Stellungen sind nicht leicht und graziös, sie tanzen nicht miteinander, nein, da ist eine Beständigkeit, eine Geradheit, die eine untrügliche Hoffnung wecken, die gegenseitige Achtung einflößen. Ich wette, das ist ihre Lebensanschauung: das Leben ist ein Weg. Und sie scheinen dazu bestimmt, miteinander Arm in Arm durch die Freuden und Sorgen des Lebens zu gehen. Sie harmonieren so sehr, daß die Dame sogar den

Anspruch aufgegeben hat, auf dem Pflaster zu gehen ... Aber, ihr lieben Zephyre, warum beschäftigt ihr euch derart mit dem Paar? Es scheint es nicht wert zu sein, beachtet zu werden. Sollte es etwas Besonderes zu beachten geben? ... Doch die Uhr zeigt halb zwei, hinweg zum Höibro-Platz.

Man würde es nicht für möglich halten, daß man die Geschichte einer seelischen Entwicklung insgesamt so genau berechnen kann. Es zeigt sich, wie gesund Cordelia ist. Wirklich, sie ist ein besonderes Mädchen. Sie ist wohl still und bescheiden und anspruchslos, dennoch liegt unbewußt eine ungeheure Forderung in ihr. – Das fiel mir auf, als ich heute sah, wie sie von draußen durch die Türe hereinkam. Das bißchen Widerstand, das ein Windstoß verursachen kann, weckt gleichsam alle Kräfte in ihr, ohne daß aber ein Kampf in ihr wäre. Sie ist kein kleines unbedeutendes Mädchen, das zwischen den Händen vergeht, so schwach, daß man fast Angst hat, daß sie zerbrechen könnte, wenn man sie ansieht; aber sie ist auch keine anspruchsvolle Prachtblume. Wie ein Arzt kann ich daher mit Vergnügen alle Symptome in dieser Gesundheitsgeschichte beobachten.

Nach und nach beginne ich mit meinem Angriff, ihr näherzurücken, mehr zum direkten Angriff überzugehen. Sollte ich diese Veränderung auf der militärischen Karte über die Familie bezeichnen, so würde ich sagen:

ich habe meinen Stuhl so gedreht, daß ich ihr jetzt die Seite zuwende. Ich lasse mich mehr und mehr mit ihr ein, rede sie an, entlocke ihr Antworten. Ihre Seele hat Leidenschaft, Heftigkeit, und ohne sich durch alberne und verfängliche Reflexionen auf das Aparte zuzuspitzen, hat sie einen Drang zum Ungewöhnlichen. Meine Ironie über die Schlechtigkeit der Menschen, mein Spott über deren Feigheit, über deren lauwarme Trägheit fesselt sie. Es scheint ihr zu gefallen, den Sonnenwagen über das Himmelsgewölbe zu steuern, der Erde zu nahe zu kommen und die Menschen ein wenig zu brennen. Mir vertrauen, das jedoch tut sie nicht; bisher habe ich jegliche Annäherung sogar in geistiger Hinsicht verhindert. Sie muß in sich selbst gestärkt werden, bevor ich sie bei mir ausruhen lasse. Hin und wieder mag es wohl so aussehen, als sei sie es, die ich zur Vertrauten meiner Freimaurerei machen wollte, aber auch das nur gelegentlich. Sie muß in sich selbst entwickelt werden; sie muß die Spannkraft ihrer Seele fühlen, sie muß die Welt anpacken und bewegen. Welche Fortschritte sie macht, zeigt mir leicht jede Antwort und ihre Augen; nur ein einziges Mal habe ich darin einen vernichtenden Zorn gesehen. Mir darf sie nichts schuldig sein; denn frei muß sie sein, nur in Freiheit ist Liebe, nur in Freiheit ist Kurzweil und Vergnügen. Ungeachtet dessen, daß ich es darauf anlege, daß sie gleichsam mit einer natürlichen Notwendigkeit mir in die Arme sinkt, danach strebe, sie dazu zu bringen, daß sie sich mir zuneigt, so geht es gleichzeitig doch darum, daß sie nicht wie ein schwerer Körper fällt, sondern so, wie sich Geist zu Geist neigt.

Ungeachtet dessen, daß sie mir gehören soll, darf das doch nicht identisch mit dem Unschönen sein, daß sie wie eine Bürde auf mir liegt. Sie darf mir weder in physischer Hinsicht ein Anhängsel sein noch in moralischer Hinsicht eine Verpflichtung. Zwischen uns beiden soll nur das eigene Spiel der Freiheit herrschen. Sie soll so leicht für mich sein, daß ich sie auf meine Arme nehmen kann.

Fast beschäftigt mich Cordelia zuviel. Ich verliere wieder mein Gleichgewicht, nicht ihr gegenüber, wenn sie zugegen ist, sondern wenn ich im strengsten Sinne alleine mit ihr bin. Ich kann mich nach ihr sehnen, nicht um mit ihr zu sprechen, sondern nur um ihr Bild an mir vorbeiziehen zu lassen; ich kann mich fortstehlen, wenn ich weiß, daß sie ausgeht, nicht um gesehen zu werden, sondern um zu sehen. Neulich abends gingen wir zusammen von Baxters fort; Edvard begleitete sie. Ich trennte mich in größter Eile von ihnen, eilte durch eine andere Straße, wo mich mein Diener erwartete. Im Nu hatte ich mich umgekleidet und traf sie noch einmal, ohne daß sie es ahnte. Edvard war wie stets stumm. Verliebt bin ich schon, aber nicht im gewöhnlichen Sinn, und damit muß man auch sehr vorsichtig sein, das hat immer gefährliche Konsequenzen; und man ist es ja nur einmal. Doch der Gott der Liebe ist blind, wenn man klug ist, kann man ihn schon narren. Die Kunst besteht darin, im Hinblick auf Eindrücke so empfänglich wie möglich zu sein, und zu wissen, welchen Eindruck man selbst macht und welchen Eindruck man von einem Mädchen bekommt. Auf diese Art kann man sogar in viele gleichzeitig verliebt sein, denn man ist in jede verschieden verliebt. Eine zu lieben ist zu wenig; alle zu lieben ist Oberflächlichkeit; sich selbst zu kennen und so viele wie möglich zu lieben, seine Seele alle Mächte der Liebe so verbergen zu lassen, daß jede die ihr zukommende Nahrung erhält, während das Bewußtsein doch das Ganze umfaßt – das ist genießen, das ist leben.

d. 3. Juli

Edvard kann sich eigentlich nicht über mich beklagen. Natürlich möchte ich, daß Cordelia sich in ihn versieht, daß sie durch ihn einen Widerwillen vor der Liebe schlechthin bekommt und damit ihre eigene Grenze überschreitet; aber dazu gehört gerade, daß Edvard keine Karikatur ist; denn dann hilft es nichts. Edvard ist nicht nur im bürgerlichen Sinne eine gute Partie, das hat in ihren Augen nichts zu bedeuten, im Alter von siebzehn Jahren sieht ein Mädchen nicht darauf; aber er hat manche persönliche liebenswerte Eigenschaften, bei denen ich ihm helfe, sie in das vorteilhafteste Licht zu rücken. Wie eine Kammerzofe, wie ein Dekorateur statte ich ihn so gut wie möglich nach Kräften des Hauses aus, ja zuweilen staffiere ich ihn mit ein wenig geliehener Pracht aus. Wenn wir dann zusammen dorthin gehen, ist es für mich seltsam, an seiner Seite zu gehen. Mir ist, als sei er mein Bruder, mein Sohn, und doch ist er mein Freund, mein Altersgenosse, mein Rivale. Gefährlich kann er mir nie werden. Je mehr ich ihn also zu erheben vermag, da er doch fallen wird, desto mehr wird es Cordelia bewußt werden, was sie verschmäht, um so stärker die Ahnung, was sie begehrt. Ich helfe ihm zurechtzukommen, ich rate ihm, kurzum ich tue alles, was ein Freund für einen Freund tun kann. Um meine Kälte mehr herauszustellen, eifere ich fast gegen Edvard. Ich schildere ihn als einen Schwärmer. Da Edvard es einfach nicht versteht, sich zu helfen, muß ich ihn herausstellen.

Cordelia haßt und fürchtet mich. Was fürchtet ein junges Mädchen? Geist. Warum? Weil Geist die ganze Negation ihrer weiblichen Existenz darstellt. Männliche Schönheit und einnehmendes Wesen usw. sind gute Mittel. Man kann damit auch Eroberungen machen, aber nie einen vollkommenen Sieg erreichen. Warum? Weil man ein Mädchen in seiner eigenen Potenz bekämpft, und in ihrer eigenen Potenz ist sie doch immer die Stärkere. Mit solchen Mitteln kann man ein Mädchen zum Erröten bringen, dazu, daß es die Augen niederschlägt, aber nie die unbeschreibliche, betörende Angst hervorrufen, die ihre Schönheit interessant macht.

> *non formosus erat, sed erat facundus Ulixes,*
> *et tamen aequoreas torsit amore eas*

Ein jeder muß seine Kräfte kennen. Aber, daß selbst diejenigen, die Gaben besitzen, sich so pfuscherhaft benehmen, ist etwas, das mich oft empört hat. Eigentlich müßte man einem jeden jungen Mädchen, das das Opfer der Liebe eines anderen oder besser seiner eigenen geworden ist, sofort ansehen, in welche Richtung sie betrogen worden ist. Der geübte Mörder führt einen bestimmten Stoß aus, und der erfahrene Polizist erkennt sofort den Täter, wenn er die Wunde sieht. Aber wo trifft man solche systematischen Verführer, wo solche Psychologen. Ein Mädchen zu verführen, das bedeutet für die meisten, ein Mädchen zu verführen und damit Punktum, und doch liegt in diesem Gedanken eine ganze Sprache verborgen.

Sie haßt mich – als Weib; sie fürchtet mich – als ein begabtes Weib; sie liebt mich – als der gute Kopf. Diesen Kampf habe ich jetzt für das erste in ihrer Seele entfacht. Mein Stolz, mein Trotz, mein kalter Spott, meine herzlose Ironie erduldet sie, nicht als ob sie mich lieben wollte; nein, es sind gewiß keine derartigen Gefühle in ihr, am wenigsten für mich. Sie will mit mir wetteifern. Diese stolze Unabhängigkeit über die Menschen lockt sie, eine Freiheit wie die der Araber in der Wüste. Mein Lachen und meine Eigenheiten neutralisieren jede erotische Entladung. Sie ist ziemlich frei mir gegenüber, und soweit es eine Zurückhaltung gibt, ist sie mehr intellektuell als weiblich. Sie ist so weit davon entfernt, in mir einen Liebhaber zu sehen, daß unser Verhältnis miteinander nur das von zwei guten Köpfen ist. sie nimmt meine Hand, drückt meine Hand, lacht, erweist mir in rein griechischem Sinn eine gewisse Aufmerksamkeit. Wenn der Ironiker und Spötter sie lange genug geneckt hat, dann folge ich der Anweisung, die man in dem alten Vers findet: Der Ritter breitet seinen Mantel aus, so rot, und bittet die schöne Jungfrau, sich daraufzusetzen. Ich hingegen breite meinen Mantel nicht aus, um mit ihr auf dem grünen Rasen der Erde zu sitzen, sondern um mit ihr in die Lüfte zu entschwinden, im Flug der Gedanken. Oder ich nehme sie nicht mit, sondern setze mich rittlings auf einen Gedanken, grüße sie mit der Hand, werfe eine Kußhand, bleibe unsichtbar für sie, hörbar nur im Rauschen des beflügelten Wortes, werde nicht wie Jehova mehr und mehr sichtbar in der Stimme, sondern weniger und weniger, weil ich, je mehr ich spreche, um so höher steige. Da möchte sie mit, hinauf zu kühnem Flug der Gedanken. Doch das währt nur einen Augenblick. Im nächsten Moment bin ich kalt und trocken.

Es gibt verschiedene Arten des weiblichen Errötens. Da gibt es das grobe Ziegelrot. Es ist das, von dem die Romanschriftsteller immer genügend haben, wenn sie ihre Heldin über und über erröten lassen. Dann gibt es die zarte Röte; das ist die Morgenröte des Geistes. Bei einem jungen Mädchen ist sie unbezahlbar. Das flüchtige Erröten, das einem glücklichen Gedanken folgt, ist schön bei einem Mann, schöner bei einem Jüngling, anmutig bei Frauen. Es ist das Leuchten des Blitzes, das Wetterleuchten des Geistes. Am schönsten bei Jünglingen, lieblich bei Mädchen, denn es verrät deren Jungfräulichkeit, und deshalb hat es auch die Verschämtheit der Überraschung. Je älter man wird, um so mehr verschwindet dieses Erröten.

Gelegentlich lese ich Cordelia etwas vor; im allgemeinen hauptsächlich gleichgültige Sachen. Edvard muß wie gewöhnlich das Licht halten; ich habe ihn nämlich darauf aufmerksam gemacht, daß es eine gute Art ist, Fühlung mit einem jungen Mädchen aufzunehmen, wenn man ihr Bücher leiht. Er hat damit auch manches gewonnen, denn sie ist ihm verbunden dafür. Derjenige, der am meisten gewinnt, bin ich, denn ich bestimme die Wahl der Bücher und bleibe ständig außerhalb. Hier habe ich ein weites Spielfeld für meine Beobachtungen. Ich kann Edvard die Bücher geben, die ich will, denn er versteht nichts von Literatur. Ich kann wagen, was ich will, in beliebigem Ausmaß. Wenn ich jetzt am Abend mit ihr zusammenkomme, dann nehme ich wie zufällig das Buch in die Hand, blättere darin, lese halblaut, lobe Edvard für seine Aufmerksamkeit. Heute abend wollte ich mich durch ein Experiment über die Spannkraft ihrer Seele vergewissern. Ich war unschlüsig, ob ich ihr von Edvard Schillers Gedichte leihen lassen sollte, damit ich zufällig auf Theklas Lied kommen könnte, um es vorzulesen, oder Bürgers Gedichte. Ich wählte die letzteren, denn besonders seine Lenore ist doch etwas überspannt, so schön sie auch sonst ist. Ich schlug Lenore auf, las das Gedicht laut vor mit allem Pathos, der mir zur Verfügung war. Cordelia war bewegt, sie nähte mit einer Eile, als sei sie es, die Wilhelm abholen kam. Ich hielt an, die Tante hatte ohne sonderliche Teilnahme zugehört. Sie fürchtete weder lebende noch tote Wilhelme, ist auch des Deutschen nicht ganz mächtig; fühlte sich hingegen ganz in ihrem Element, als ich ihr das schön eingebundene Exemplar zeigte und ein Gespräch über Buchbinderarbeit begann. Meine Absicht war, bei Cordelia den Eindruck des Pathetischen in dem Augenblick, in dem er entstand, wieder zu zerstören. Sie bekam etwas Angst, aber es war deutlich, daß diese Angst nicht verlockend, sondern unheimlich auf sie wirkte.

Heute hat mein Auge zum ersten Mal auf ihr geruht. Man sagt, daß der Schlaf ein Augenlid so schwer machen kann, daß es sich schließt; vielleicht vermochte dieser Blick das gleiche zu bewirken. Das Auge schloß sich, und doch rührten sich dunkle Mächte in ihr. Sie sieht nicht, daß ich sie ansehe, sie fühlt es, fühlt es am ganzen Körper. Das Auge schließt sich und es ist Nacht; aber innen in ihr ist es heller Tag.

Edvard muß fort. Er geht auf das äußerste; jeden Augenblick muß ich damit rechnen, daß er hingeht und ihr seine Liebe gesteht. Niemand kann das besser wissen als ich, der ich sein Vertrauter bin und ihn mit Bedacht in dieser Exaltation halte, damit er um so stärker auf Cordelia wirkt. Zuzulassen, daß er seine Liebe gesteht, wäre jedoch zu gewagt. Wohl weiß ich, daß er ein Nein erhielte, aber damit ist die Angelegenheit nicht zu Ende. Er würde es sich gewiß sehr zu Herzen nehmen. Das könnte Cordelia bewegen und rühren. Wenn ich auch in dem Fall nicht das Schlimmste zu befürchten habe, daß sie sich umstimmen ließe, so könnte doch möglicherweise der Stolz ihrer Seele durch dieses reine Mitleid Schaden nehmen. Passiert das, dann ist meine Absicht mit Edvard vollkommen verfehlt.

Mein Verhältnis zu Cordelia beginnt einen dramatischen Verlauf zu nehmen. Etwas muß geschehen, was es auch sei. Ich kann mich nicht länger nur beobachtend verhalten, ohne damit den Augenblick vorbeigehen zu lassen. Überrascht werden muß sie, das ist notwendig; aber wenn man sie überraschen will, muß man auf seiner Hut sein. Das, was im allgemeinen überrascht, das würde vielleicht bei ihr nicht so wirken. Sie muß eigentlich so überrascht werden, daß es im ersten Augenblick fast der Grund für ihre Überraschung ist, daß etwas ganz Gewöhnliches geschieht. Ganz allmählich muß es sich zeigen, daß doch etwas Überraschendes darin enthalten ist. Das ist immer auch das Gesetz für das Interessante, und dieses wiederum das Gesetz für alle meine Bewegungen im Hinblick auf Cordelia. Wenn man nur zu überraschen versteht, hat man immer gewonnenes Spiel; man suspendiert einen Augenblick die Energie der Betreffenden, macht es unmöglich, für sie zu handeln und das, ob man sich nun des Ungewöhnlichen oder des Gewöhnlichen als Mittel bedient. Ich erinnere mich noch mit einer gewissen Selbstzufriedenheit eines plumpdreisten Versuchs einer Dame gegenüber aus vornehmer Familie. Vergeblich war ich eine Zeitlang heimlich um sie herumgeschlichen, um einen interessanten Berührungspunkt zu finden, als ich sie eines Mittags auf der Straße traf. Ich war sicher, daß sie mich nicht kannte noch wußte, daß ich hier aus der Stadt war. Sie ging alleine. Ich schlüpfte an ihr vorbei, damit ich ihr von Angesicht zu Angesicht begegnete. Ich machte ihr Platz und ließ ihr den Bürgersteig. In diesem Augenblick warf ich einen wehmütigen Blick auf sie und hatte, glaube ich, fast Tränen in den Augen. Ich zog meinen Hut. Sie hielt an. Mit belegter Stimme und träumendem Blick sagte ich: Zürnen Sie nicht, gnädiges Fräulein, eine Ähnlichkeit zwischen Ihren Zügen und einem Wesen, das ich von ganzem Herzen liebe, das aber fern von mir lebt, ist so auffallend, daß sie mir mein sonderbares Betragen verzeihen werden. Sie hielt mich für einen Schwärmer, und ein junges Mädchen hat etwas übrig für Schwärmerei, besonders wenn sie zugleich ihre Überlegenheit fühlt und einen anzulächeln wagt. Tatsächlich, sie lächelte, was ihr unbeschreiblich gut stand. Mit vornehmer Herablassung grüßte sie mich und lächelte. Sie setzte ihren Weg fort, ein paar Schritte blieb ich an ihrer Seite. Ein paar Tage später traf ich sie, ich erlaubte mir zu grüßen. Sie lachte mich an ... Geduld ist doch eine köstliche Tugend, und wer zuletzt lacht, lacht am besten.

Man könnte sich verschiedene Mittel denken, um Cordelia zu überraschen. Ich könnte versuchen, einen erotischen Sturm zu wecken, der imstande wäre, Bäume zu entwurzeln. Mit dessen Hilfe könnte ich versuchen, ihr den Boden wegzuziehen, sie aus dem historischen Zusammenhang zu ziehen; versuchen, in dieser Agitation bei heimlichen Treffen ihre Leidenschaft hervorzulocken. Es wäre nicht undenkbar, daß sich das machen ließe. Ein Mädchen mit ihrer Leidenschaft könnte man zu allem möglichen bringen. Jedoch wäre es ästhetisch falsch. Ich liebe keinen Schwindel, und dieser Zustand ist nur dann zu empfehlen, wenn man mit Mädchen zu tun hat, die allein nur auf diese Art einen poetischen Abglanz gewinnen können. Man versäumt außerdem den eigentlichen Genuß, denn zuviel Verwirrung schadet auch. Auf sie würde es ganz und gar seine Wirkung verfehlen. In ein paar Zügen würde ich in mich aufnehmen, was ich über eine lange Zeit hin gut hätte haben können, ja was noch schlimmer ist, was ich mit Besonnenheit voller und reicher hätte genießen können. Cordelia kann man nicht in Exaltation genießen. Im ersten Augenblick würde es sie vielleicht überraschen, wenn ich mich derart aufführte, aber bald würde sie es satt sein, gerade weil diese Überraschung ihrer kühnen Seele zu nahe liegt.

Eine recht und schlechte Verlobung bleibt von allen Mitteln das beste, das zweckmäßigste. Vielleicht wird sie ihren eigenen Ohren noch weniger trauen, wenn sie mich eine prosaische Liebeserklärung abgeben hört, item um ihre Hand anhalte, noch weniger, als wenn sie meiner heißen Beredsamkeit lauschte, meinen giftigen, berauschenden Trunk in sich aufnähme, ihr Herz klopfen hörte bei dem Gedanken an eine Verführung.

Das Verfluchte bei einer Verlobung bleibt immer das Ethische in ihr. Das Ethische ist sowohl in der Wissenschaft wie im Leben langweilig. Welch ein Unterschied, unter dem Himmel der Ästhetik, da ist alles leicht, schön, flüchtig, wenn die Ethik dazu kommt, wird alles hart, kantig und unendlich langweilig. Eine Verlobung hat jedoch nicht im strengsten Sinne ethische Realität, so wie eine Ehe, die nur Gültigkeit hat *ex consensu gentium*. Diese Zweideutigkeit kann mir ungemein dienlich sein. Das Ethische darin ist gerade genug, daß Cordelia zur rechten Zeit den Eindruck bekommt, daß sie über die übliche Grenze hinaus geht, das Ethische darin ist zugleich nicht so ernst, daß ich eine bedenkliche Erschütterung befürchten muß. Ich habe immer einen gewissen Respekt vor dem Ethischen gehabt. Nie habe ich einem jungen Mädchen ein Eheversprechen gegeben, auch nicht in fahrlässiger Weise, wenn es so scheinen könnte, als täte ich es hier, so ist das nur eine fingierte Bewegung. Ich werde es schon so einrichten, daß sie selbst es ist, die die Verpflichtung aufhebt. Versprechen zu geben, verachtet mein ritterlicher Stolz. Ich verachte es, wenn ein Richter mit dem Versprechen auf Freiheit einen Sünder zu einem Bekenntnis verlockt. Ein solcher Richter verzichtet auf seine Kraft und sein Talent. In meiner Praxis kommt noch der Umstand hinzu, daß ich nichts wünsche, was nicht im strengsten Sinne eine Gabe der Freiheit ist. Schlechte Verführer sollen solche Mittel gebrauchen. Was erreichen sie schon? Wer es nicht versteht, ein Mädchen in dem Grad zu betören, daß sie alles aus den Augen verliert, von dem man wünscht, daß sie es nicht sieht, wer es nicht versteht, sich derart in ein Mädchen hineinzudichten, daß alles von ihr ausgeht, so wie man es haben möchte, der ist und bleibt ein Pfuscher; ich werde ihm seinen Genuß nicht neiden. Ein Pfuscher ist und bleibt ein solcher Mensch, ein Verführer, wie man mich mitnichten bezeichnen kann. Ich bin ein Ästhetiker, ein Erotiker, der das Wesen und das Eigentliche der Liebe erfaßt hat, der an die Liebe glaubt und sie von Grund auf kennt, und ich behalte mir nur die private Meinung vor, daß eine jede Liebesangelegenheit höchstens ein halbes Jahr dauert und jedes Verhältnis vorbei ist, sobald man das Letzte genossen hat. All das weiß ich, zugleich weiß ich, daß der höchste Genuß, der sich denken läßt, der ist, geliebt zu werden, mehr geliebt als alles in der Welt. Sich in ein Mädchen hineinzudichten ist eine Kunst, sich aus ihr herauszudichten ein Meisterstück. Jedoch hängt das letzte wesentlich vom ersten ab.

Es gäbe noch eine andere Möglichkeit. Ich könnte alles daran setzen, daß sie sich mit Edvard verlobt. Ich würde dann der Hausfreund. Edvard würde mir unbedenklich vertrauen, denn ich war es ja, dem er so gut wie sein Glück verdankte. Mein Gewinn wäre, mehr verborgen zu sein. Das taugt nichts. Sie kann sich nicht mit Edvard verloben, ohne auf die eine oder andere Weise zu verlieren. Hinzu käme, daß mein Verhältnis zu ihr dann mehr pikant als interessant wäre. Der unendliche Prosaismus, der in einer Verlobung liegt, ist gerade der Resonanzboden für das Interessante.

Alles wird bedeutungsvoller im Wahlschen Haus. Man fühlt deutlich, daß sich ein verborgenes Leben unter den tagtäglichen Formen rührt und daß sich das bald in einer entsprechenden Offenbarung kundtun muß. Das Wahlsche Haus bereitet eine Verlobung vor.

Ein außerhalb stehender Beobachter könnte denken, daß die Tante und ich ein Paar würden. Was könnte man in einer solchen Ehe nicht alles für die Verbreitung von landwirtschaftlichen Kenntnissen in einem kommenden Geschlecht erreichen. Dann würde ich Cordelias Onkel. Ich bin ein Freund der Gedankenfreiheit, und kein Gedanke ist so absurd, daß ich nicht den Mut hätte, ihn festzuhalten. Cordelia ängstigt sich vor einer Liebeserklärung von Edvard, Edvard hofft, daß eine solche alles entscheiden wird. Dessen kann er auch sicher sein. Um ihm jedoch die unbehaglichen Folgen eines solchen Schrittes zu ersparen, werde ich sehen, ihm zuvorzukommen. Ich hoffe, ihn bald zu entlassen, er steht mir wirklich im Wege. Das fühlte ich heute so recht. Sieht er nicht so träumend und liebestrunken aus, daß man fürchten muß, daß er sich wie ein Schlafwandler plötzlich erhebt und vor der ganzen Versammlung seine Liebe so objektiv anschaulich gesteht, daß er sich nicht einmal Cordelia nähert. Ich schenkte ihm heute ein paar Blicke. Wie ein Elefant etwas auf seinen Rüssel nimmt, so nahm ich ihn auf meinen Blick, so lang wie er war, und warf ihn nach hinten hinüber. Obgleich er sitzen blieb, glaube ich doch, daß er im ganzen Körper ein entsprechendes Gefühl hatte.

Cordelia ist nicht so sicher mir gegenüber, wie sie es bisher war. Sie kam mir immer mit weiblicher Sicherheit entgegen, jetzt schwankt sie ein wenig. Das hat jedoch nicht viel zu bedeuten. Es würde mir nicht schwerfallen, alles wieder in das alte Gleis zu bringen. Das aber will ich nicht. Nur noch eine Exploration und dann die Verlobung. Dafür kann es keine Schwierigkeiten geben. Cordelia wird in ihrer Überraschung ja sagen, die Tante ein herzliches Amen. Sie wird außer sich vor Freude sein, einen solchen landwirtschaftlichen Schwiegersohn zu bekommen. Schwiegersohn! Wie doch alles wie Kletten zusammenhängt, wenn man sich in dieses Gebiet hineinwagt. Ich werde dann eigentlich nicht ihr Schwiegersohn, sondern nur ihr Neffe oder richtiger, *volente deo*, nichts von beidem.

d. 23.

Heute habe ich die Frucht eines Gerüchtes geerntet, das ich verbreiten ließ, daß ich in ein junges Mädchen verliebt wäre. Mit Hilfe Edvards ist es auch Cordelia zu Ohren gekommen. Sie ist neugierig, gibt auf mich acht, sie wagt indes nicht zu fragen; und doch ist es nicht unwichtig für sie, Gewißheit zu erhalten, teils weil sie es sich nicht vorstellen kann, teils weil sie darin beinahe ein Antecedens für sich selbst sehen würde; denn wenn ein so kalter Spötter wie ich sich verliebt, dann könnte sie es wohl auch, ohne sich dessen schämen zu müssen. Heute habe ich die Sache zur Sprache gebracht. Eine Geschichte so zu erzählen, daß die Pointe nicht verloren geht, auch so, daß sie nicht zu früh gebracht wird, dafür glaube ich der rechte Mann zu sein. Die Zuhörer meiner Geschichte *in suspenso* zu halten, mich mit kleinen Bewegungen episodischer Art zu vergewissern, welchen Ausgang sie ihr wünschten, sie im Verlauf der Erzählung zu narren, das ist meine Lust; sich des Doppelsinns zu bedienen, so daß die Zuhörer das eine bei dem Gesagten verstehen und dann plötzlich merken, daß die Worte auch anders verstanden werden können, das ist meine Kunst. Wenn man so recht die Möglichkeit haben möchte, Beobachtungen in gewisser Richtung anzustellen, sollte man immer eine Rede halten. Im Gespräch kann einem der Betreffende leichter entschlüpfen, kann durch Frage und Antwort besser verbergen, welchen Eindruck die Worte machen. Mit feierlichem Ernst begann ich meine Rede an die Tante. »Soll ich es dem Wohlwollen meiner Freunde oder der Bosheit meiner Feinde zuschreiben, und wer hat nicht von beidem zuviel, sowohl von dem einen wie dem anderen?« Hier machte die Tante eine Bemerkung, die ich aus allen Kräften breitzutreten half, um Cordelia, die zuhörte, in Spannung zu halten, eine Spannung, die sie nicht aufheben konnte, weil ich mit der Tante sprach und ich in gehobener Stimmung war. Ich fuhr fort: »Oder soll ich es einem Zufall zuschreiben, der *generatio aequivoca* eines Gerüchtes« (diesen Ausdruck verstand Cordelia offenbar nicht, er machte sie nur unsicher, um so mehr, als ich einen falschen Nachdruck darauf legte, es mit einer verschmitzten Miene sagte, als läge dort die Pointe), »daß ich, der ich gewohnt bin, zurückgezogen in der Welt zu leben, der Gegenstand eines Geredes geworden bin, indem man behauptet, daß ich mich verlobt hätte;« Cordelia vermißte offenbar noch meine Erklärung. Ich fuhr fort: »Meine Freunde, weil man es doch immer als ein großes Glück ansehen muß, sich zu verlieben (sie stutzte), meine Feinde, weil man es doch immer als höchst lächerlich empfände, wenn mir dieses Glück in den Schoß fiele« (Bewegung in entgegengesetzter Richtung), »oder dem Zufall, da nicht der geringste

Grund dazu vorliegt; oder des Gerüchtes *generatio aequivoca*, da das Ganze wohl in einem hohlen Kopf im gedankenlosen Umgang mit sich selbst aufgekommen sein muß.« Die Tante drängt mit weiblicher Neugierde zu erfahren, wer diese Dame sein könnte, mit der man beliebt hatte, mich zu verloben. Jede Frage in dieser Richtung wurde abgelehnt. Auf Cordelia machte die ganze Geschichte Eindruck, ich glaube fast, daß Edvards Aktien um ein paar Punkte gestiegen sind.

Der entscheidende Augenblick nähert sich. Ich könnte mich an die Tante wenden, schriftlich um Cordelias Hand anhalten. Das ist ja das herkömmliche Verfahren in Herzensangelegenheiten, als ob es für das Herz natürlicher sei zu schreiben statt zu sprechen. Was mich jedoch bestimmen könnte, es zu wählen, ist gerade das Philisterhafte daran. Wähle ich es, dann entgeht mir die eigentliche Überraschung, und ihr kann ich nicht entsagen. – Wenn ich einen Freund hätte, so würde er mir vielleicht sagen: hast Du diesen ernsten Schritt gut überlegt, Du tust einen Schritt, der für Dein ganzes künftiges Leben und das Glück eines anderen Wesens entscheidend ist. Diesen Vorteil hat man also, wenn man einen Freund hat. Ich habe keinen Freund; ob das von Vorteil ist, will ich dahingestellt sein lassen, dagegen sehe ich es als einen absoluten Vorteil an, von seinem Rat befreit zu sein. Im übrigen habe ich die ganze Sache wirklich durchdacht in des Wortes strengster Bedeutung.

Von meiner Seite gibt es kein Hindernis mehr für

eine Verlobung. Ich gehe also auf Freiersfüßen, wer würde mir das ansehen. Bald wird man meine geringe Person von einer höheren Sicht betrachten. Ich werde aufhören, Person zu sein und – Partie werden; ja, eine gute Partie, wird die Tante sagen. Diejenige, die mir fast am meisten leid tut, ist die Tante; denn sie liebt mich mit einer so reinen und aufrichtigen landwirtschaftlichen Liebe, daß sie mich fast als ihr Ideal anbetet.

Nun habe ich in meinem Leben viele Liebeserklärungen gemacht, und doch hilft mir all meine Erfahrung hier nicht; denn diese Erklärung muß auf ganz eigene Art gemacht werden. Was ich mir selbst vornehmlich einprägen muß, ist, daß das ganze nur eine fingierte Regung ist. Ich habe verschiedene Übungen des Vorgehens abgehalten, um zu sehen, von welcher Richtung her man am besten auftreten könnte. Den Augenblick erotisch zu gestalten, würde bedenklich sein, da dadurch leicht dem vorgegriffen werden könnte, was später kommen und sich nach und nach entfalten soll; ihn sehr ernst zu gestalten, ist gefährlich, ein solcher Augenblick ist für ein Mädchen von so großer Bedeutung, daß seine ganze Seele sich darauf fixieren kann, gleichsam wie ein Sterbender auf seinen letzten Willen; ihn herzlich, albern zu gestalten, das würde nicht mit meiner bisher gezeigten Maske übereinstimmen, ebensowenig mit der neuen, die ich anzulegen und zu tragen gedenke; ihn witzig und ironisch zu gestalten, ist zu gewagt. Wenn es bei mir so stehen würde, wie im allgemeinen mit Leuten bei solcher Gelegenheit, daß für mich die Hauptsache wäre, dieses kleine Ja hervorzulocken, dann ginge das wie am Schnürchen. Für mich ist das schon von Wichtigkeit, aber nicht von absoluter Wichtigkeit; denn obgleich ich sehr viel Aufmerksamkeit, ja mein ganzes Interesse auf sie verwendet habe, so gäbe es doch Bedingungen, unter denen ich ihr Ja nicht annehmen würde. Es geht mir einfach nicht darum, ein Mädchen im äußerlichen Sinn zu besitzen, sondern darum, sie künstlerisch zu genießen. Darum muß der Beginn so künstlerisch wie möglich sein. Der Beginn muß genau in der Schwebe sein, er muß eine Möglichkeit für alle sein. Sieht sie sogleich in mir den Betrüger, dann mißversteht sie mich; denn ich bin im gewöhnlichen Sinn kein Betrüger; sieht sie in mir einen treuen Liebhaber, dann mißversteht sie mich ebenfalls. Es gilt, daß ihre Seele sich bei diesem Auftritt so wenig wie möglich festlegt. In einem solchen Augenblick ist die Seele eines Mädchens prophetisch wie die eines Sterbenden. Das muß verhindert werden. Meine liebenswerte Cordelia! ich betrüge dich um etwas Schönes, aber es geht nicht anders, und ich werde dir alles, was ich vermag, als Entgelt dafür geben. Der ganze Auftritt muß so unbedeutend wie möglich gehalten werden, so daß sie, wenn sie ihr Ja gegeben hat, nicht das Geringste darüber zu ermitteln vermag, was sich in diesem Verhältnis verbergen könnte. Diese unendliche Möglichkeit ist gerade das Interessante. Ist sie imstand, etwas vorauszusagen, dann habe ich mich falsch verhalten, und das ganze Verhältnis verliert an Bedeutung. Daß sie ja sagen könnte, weil sie mich liebt, ist undenkbar; denn sie liebt mich einfach nicht. Das beste wäre, wenn ich die Verlobung von einer Tat zu einer Begebenheit verwandeln könnte, von etwas, das sie tut, zu etwas, das ihr widerfährt, wovon sie sagen muß: Gott weiß, wie das eigentlich zuging.

d. 31.

Heute habe ich für einen Dritten einen Liebesbrief geschrieben. Das ist stets eine große Freude für mich. Erstens ist es immer sehr interessant, sich so lebendig in eine Situation zu versetzen, und zwar in aller erdenklichen Bequemlichkeit. Ich stopfe meine Pfeife, höre mir die Beziehungen an, Briefe der Betreffenden werden vorgelegt. Es ist immer ein wichtiges Studium für mich, wie ein junges Mädchen schreibt. Er sitzt da, verliebt wie eine Ratte, liest ihre Briefe vor, unterbrochen von meinen lakonischen Bemerkungen: Sie schreibt nicht schlecht, sie hat Gefühl, Geschmack, Vorsicht, sie hat sicher vorher schon geliebt usw. Zum anderen tue ich ein gutes Werk. Ich helfe jungen Leuten zusammenzukommen; jetzt kassiere ich. Für jedes glückliche Paar suche ich mir ein Opfer aus; ich mache zwei glücklich, aber höchstens nur eine unglücklich. Ich bin ehrlich und zuverlässig, habe nie jemand betrogen, der sich mir anvertraut hat. Ein wenig Fopperei fällt stets dabei ab, das sind jedoch gesetzliche Gebühren. Und weshalb genieße ich dieses Vertrauen, weil ich Latein kann und meine Studien betreibe, und weil ich stets meine kleinen Affären für mich behalte. Verdiene ich da nicht dieses Vertrauen? Ich mißbrauche es ja nie.

d. 2. Aug.

Der Augenblick war gekommen. Die Tante sah ich flüchtig auf der Straße und wußte so, daß sie nicht zu Hause war. Edvard war auf dem Zollamt. Aller Wahrscheinlichkeit nach war Cordelia also allein zu Hause. So war es auch. Sie saß mit einer Arbeit beschäftigt am Nähtisch. Nur sehr selten habe ich die Familie am Vormittag besucht, sie war deshalb etwas erregt über mein Kommen. Fast wäre die Situation zu bewegt geworden. Daran hätte sie keine Schuld gehabt, denn sie faßte sich ziemlich schnell; aber ich selbst, denn sie machte trotz meines Panzers einen ungewöhnlich starken Eindruck auf mich. Wie reizend war sie in dem blaugestreiften, einfachen Hauskleid aus Chintz, eine frischgepflückte Rose am Ausschnitt – eine frisch gepflückte Rose, nein, mein Mädchen selbst war wie eine frisch gepflückte Blume, so frisch und neu war sie; und wer weiß schon, wo ein junges Mädchen die Nacht verbringt, ich denke im Land der Illusionen, doch jeden Morgen kehrt sie zurück, daher ihre jugendliche Frische. Sie sah so jung und doch so gereift aus, als habe die Natur, wie eine zärtliche und reiche Mutter, sie erst in diesem Augenblick aus der Hand gelassen. Ich war es, der Zeuge dieser Abschiedsszene war, ich sah, wie ihre zärtliche Mutter sie noch einmal zum Abschied umarmte, ich hörte sie sagen: »geh nun hinaus in die Welt, mein Kind, ich habe alles für dich getan, nimm diesen Kuß als ein Siegel auf deine Lippen, ein Siegel, das über das Heiligtum wacht, niemand kann es brechen, wenn du selbst es nicht willst, aber wenn der Richtige kommt, dann wirst du ihn verstehen.« Und sie drückte einen Kuß auf ihre Lippen, einen Kuß, der nicht wie ein menschlicher Kuß etwas nimmt, sondern einen göttlichen Kuß, der alles gibt, der dem Mädchen die Macht des Kusses gibt. Wunderliche Natur, wie tiefsinnig und rätselhaft du bist. Du gibst dem Menschen das Wort und dem Mädchen die Beredsamkeit des Kusses. Diesen Kuß hatte sie auf den Lippen, und den Abschied auf ihrer Stirn, und den frohen Gruß in ihren Augen, deshalb sah sie gleichzeitig so vertraut aus, denn sie war ja Kind im Hause, und so fremd, denn sie kannte die Welt nicht, nur die zärtliche Mutter, die unsichtbar über sie wachte. Sie war wirklich liebreizend, jung wie ein Kind und doch mit der edlen jungfräulichen Würde geschmückt, die Ehrerbietung einflößt. – Doch bald war ich wieder leidenschaftslos, und feierlich-dumm, wie es sich gehört, wenn man bewirken will, daß etwas Bedeutungsvolles auf eine Art geschieht, die es bedeutungslos macht. Nach einigen allgemeinen Bemerkungen rückte ich etwas näher an sie heran und brachte nun meinen Antrag vor. Es ist äußerst langweilig, einem Menschen zuzuhören, der wie ein Buch redet; zuweilen ist es jedoch recht zweckmäßig, derart zu reden. Ein Buch hat nämlich die bemerkenswerte Eigenschaft, daß man es für seine Zwecke interpretieren kann. Diese Eigenschaft bekommt unsere Rede auch, wenn man wie ein Buch redet. Ich hielt mich ganz nüchtern an die gewöhnlichen Redewendungen. Sie war überrascht, wie ich es erwartet hatte, das war unbestreitbar. Mir selbst Rechenschaft abzulegen, wie sie aussah, ist schwierig. Sie sah vielfältig aus, ja ungefähr wie der noch nicht erschienene aber angekündigte Kommentar zu meinem Buch, ein Kommentar, der die Möglichkeit jeglicher Interpretation enthielt. Ein Wort und sie hätte über mich gelacht, ein Wort, sie wäre bewegt gewesen, ein Wort, sie hätte mich gemieden; aber kein Wort kam über meine Lippen, ich blieb feierlich-dumm und hielt mich genau an das Ritual. – »Sie kennen mich erst so kurze Zeit«, Herrgott, solchen Schwierigkeiten begegnet man nur auf dem engen Weg der Verlobung, nicht auf den Blütensteigen der Liebe.

Merkwürdig genug. Wenn ich in den letzten Tagen die Sache bedachte, war ich voreilig genug und sicher, daß sie im Augenblick der Überraschung ja sagen würde. Da sieht man, was alle Vorbereitungen nützen, die Sache nahm nicht diesen Verlauf, denn sie sagte weder ja noch nein; sie verwies auf die Tante. Das hätte ich vorhersehen können. Ich selbst habe doch wirklich Glück; denn dieses Ergebnis war noch besser.

Die Tante gibt ihre Zustimmung, daran habe ich nie den geringsten Zweifel gehegt. Cordelia folgt ihrem Rat. Was meine Verlobung betrifft, so werde ich mich nicht dessen rühmen, daß sie poetisch ist, sie ist in jeder Beziehung höchst philiströs und spießbürgerlich. Das Mädchen weiß nicht, ob es ja oder nein sagen soll; die Tante sagt ja, das Mädchen sagt ebenfalls ja, ich nehme das Mädchen, das Mädchen nimmt mich – und jetzt fängt die Geschichte an.

d. 3.

Ich bin also verlobt; Cordelia ist es auch, und das ist so ungefähr alles, was sie von der Sache weiß. Wenn sie eine Freundin hätte, mit der sie offen sprechen könnte, so würde sie wohl sagen: »Was das Ganze bedeuten soll, weiß ich wirklich nicht. Es ist etwas an ihm, das mich zu ihm hinzieht, aber was das ist, daraus werde ich nicht klug, er hat eine sonderbare Macht über mich, aber ihn lieben, das tue ich nicht, und werde es vielleicht nie tun, hingegen könnte ich es gut aushalten, mit ihm zu leben, und deshalb auch ganz glücklich mit ihm zu werden; denn er fordert gewiß nicht so viel, wenn man es nur bei ihm aushält.« Meine liebe Cordelia! Vielleicht fordert er mehr und zum Ausgleich weniger Ausdauer. – Von allen lächerlichen Dingen ist doch eine Verlobung die allerlächerlichste. In der Ehe liegt doch ein Sinn, und eben dieser Sinn ist mir unbequem. Eine Verlobung ist eine rein menschliche Erfindung und gibt keineswegs ihrem Erfinder Ehre. Sie ist weder das eine noch das andere und verhält sich zur Liebe wie der Streifen, den der Pedell auf dem Rücken trägt, sich zum Professorentalar verhält. Nun bin ich also Mitglied dieser ehrenwerten Gesellschaft. Das ist nicht ohne Bedeutung; denn es ist doch so wie Trop sagt, daß man erst, wenn man selbst Künstler ist, das Recht erwirbt, andere Künstler zu beurteilen. Und ist nicht ein Verlobter auch ein Tierpark-Künstler?

Edvard ist außer sich vor Verbitterung. Er läßt seinen Bart wachsen, hat seinen schwarzen Anzug weggehängt, das will viel sagen. Er will mit Cordelia sprechen, will ihr meine Hinterlist schildern. Das wird eine erschütternde Szene werden: Edvard unrasiert, nachlässig gekleidet, laut mit Cordelia sprechend. Daß er mich nur nicht mit seinem langen Bart aussticht. Ich versuche vergeblich, ihn zur Vernunft zu bringen, ich erkläre, daß es die Tante war, die die Partie zustande gebracht habe, daß Cordelia vielleicht noch immer Gefühle für ihn hege, daß ich bereit sei, zurückzutreten, wenn er sie gewinnen könne. Einen Augenblick schwankt er, ob er nicht seinen Bart auf eine moderne Art tragen soll, einen neuen schwarzen Anzug kaufen soll, im nächsten Augenblick fährt er mich an. Ich tue alles, um gute Miene zu machen. So zornig er auch auf mich ist, ich bin sicher, er tut keinen Schritt, ohne sich mit mir zu beraten; er vergißt nicht, welchen Nutzen er durch mich als Mentor gehabt hat. Und weshalb sollte ich ihm die letzte Hoffnung rauben, warum mit ihm brechen; er ist ein guter Mensch, wer weiß, was die Zeit bringt.

Was ich jetzt zu tun haben werde, ist einerseits, alles darauf hinzuführen, daß die Verlobung gelöst wird, um mir dadurch ein schöneres und bedeutungsvolleres Verhältnis zu Cordelia zu sichern; andererseits die Zeit möglichst gut zu nutzen, um mich an all der Anmut, dem ganzen Liebreiz, mit dem die Natur sie so überreichlich ausgestattet hat, zu erfreuen, jedoch in Grenzen und mit Umsicht, um zu verhindern, daß ich mich an etwas vergreife. Wenn ich sie soweit gebracht habe, daß sie gelernt hat, was es heißt zu lieben und was es bedeutet, mich zu lieben, dann birst die Verlobung wie eine unvollkommene Form und sie gehört mir. Andere verloben sich, wenn es zu diesem Punkt gekommen ist, und haben dann gute Aussicht auf eine langweilige Ehe in alle Ewigkeit. Das ist ihre Sache.

Noch ist alles *in statu quo*; aber kaum ein Verlobter kann glücklicher sein als ich; kein Geizhals, der ein Goldstück gefunden hat, seliger als ich. Ich bin berauscht von dem Gedanken, daß sie in meiner Macht ist. Eine reine, unschuldige Weiblichkeit, durchsichtig wie das Meer, und doch tiefsinnig wie dieses, ohne Ahnung um die Liebe! Jetzt aber soll sie erfahren, welch eine Macht die Liebe ist. Wie eine Königstochter, die aus dem Staub auf den Thron ihrer Väter erhoben wird, so soll sie jetzt in das Königreich eingesetzt werden, in das sie hingehört. Und das soll durch mich geschehen; und indem sie zu lieben lernt, lernt sie mich zu lieben; indem sie die Regel entwickelt, entfaltet sich allmählich das Paradigma, und das bin ich. Indem sie in der Liebe ihre ganze Bedeutung fühlt, wendet sie sie an, um mich zu lieben; und wenn sie ahnt, daß sie sie von mir gelernt hat, liebt sie mich doppelt. Der Gedanke an meine Freude überwältigt mich derart, daß ich fast die Besonnenheit verliere.

Ihre Seele ist durch die unbestimmten Regungen der Liebe nicht verflüchtigt oder erschlafft, etwas was verursacht, daß viele junge Mädchen nie dazu kommen zu lieben, das will sagen, entschlossen, tatkräftig, ganz. In ihrem Bewußtsein tragen sie ein unbestimmtes Traumgebilde als Ideal, woran der wirkliche Gegenstand gemessen werden soll. Aus solchen Halbheiten ergibt sich etwas, mit dem man sich christlich durch die Welt helfen kann. – Während jetzt die Liebe in ihrer Seele erwacht, durchschaue ich sie, lote ich sie mit allen Stimmen der Liebe in ihr aus. Ich vergewissere mich darüber, wie sie sich in ihr gestaltet hat, und passe mich ihr an; soweit ich bereits unmittelbar in die Geschichte, die die Liebe in ihrem Herzen durchläuft, verwickelt bin, komme ich ihr wieder äußerlich entgegen, so täuschend wie möglich. Ein Mädchen liebt doch nur einmal.

Jetzt bin ich im rechtmäßigen Besitz von Cordelia, habe der Tante Einwilligung und Segen, die Glückwünsche von Verwandten und Freunden; das sollte doch halten. Jetzt sind also die Beschwerlichkeiten des Krieges vorbei, jetzt beginnt der Segen des Friedens. Welche Einfalt! Als wären der Tante Segen und der Freunde Glückwünsche in der Lage, mich im tieferen Sinn in den Besitz von Cordelia zu setzen; als gäbe es in der Liebe einen solchen Gegensatz zwischen Kriegszeiten und Friedenszeiten, und sie sich nicht eher, solange sie vorhanden ist, im Streit verkündet, wenn auch mit unterschiedlichen Waffen. Der Unterschied besteht eigentlich darin, ob *cominus* oder *eminus* gestritten wird. Je mehr in einem Liebesverhältnis *eminus* gestritten worden ist, desto trauriger; denn desto unbedeutender wird das Handgemenge. Zum Handgemenge gehört der Händedruck, eine Berührung mit dem Fuß, etwas, das Ovid bekanntlich ebenso sehr empfiehlt wie mit tiefer Eifersucht dagegen eifert, ganz zu schweigen von einem Kuß, einer Umarmung. Derjenige, der *eminus* kämpft, kann sich im allgemeinen nur auf sein Auge verlassen; und doch wird er, wenn er Künstler ist, diese Waffe mit solcher Virtuosität anzuwenden wissen, daß er fast dasselbe erreicht. Er wird sein Auge mit flüchtiger Zärtlichkeit auf einem Mädchen ruhen lassen können, die anmutet, als habe er sie zufällig berührt; er wird imstande sein, sie mit seinem Auge so fest zu umfassen, als hielte er sie fest in seinen Armen. Es ist aber immer ein Fehler oder ein Unglück, zu lange *eminus* zu kämpfen; denn ein solches Kämpfen ist stets nur eine Bezeichnung, kein Genießen. Erst wenn man *cominus* kämpft, erhält alles seine wahre Bedeutung. Wenn es keinen Kampf in der Liebe gibt, dann hat sie aufgehört. Ich habe so gut wie nie *eminus* gekämpft und stehe deshalb jetzt nicht am Ende, sondern am Anfang, ich hole die Waffen hervor. Sie gehört mir, das stimmt im gesetzlichen und spießbürgerlichen Sinn; aber daraus folgert für mich gar nichts, ich habe viel lautere Vorstellungen. Sie ist mit mir verlobt, das stimmt; aber wollte ich daraus schließen, daß sie mich liebt, so wäre das eine Täuschung, denn sie liebt überhaupt nicht. Im rechtmäßigen Besitz von ihr bin ich, und doch besitze ich sie nicht, ebenso wie ich sehr wohl im Besitz eines Mädchens sein kann, ohne sie rechtmäßig zu besitzen.

Auf heimlich errötender Wange
Leuchtet des Herzens Glühen

Sie sitzt auf dem Sofa beim Teetisch; ich sitze auf einem Stuhl neben ihr. Diese Stellung hat das Vertrauliche und doch auch eine Vornehmheit, die distanziert. Auf die Stellung kommt es enorm viel an, das heißt für den, der ein Auge dafür hat. Die Liebe hat viele Positionen, diese ist die erste. Wie königlich hat doch die Natur dieses Mädchen ausgestattet; ihre reinen weichen Formen, ihre tiefe weibliche Unschuld, ihr klares Auge – alles berauscht mich. – Ich habe sie begrüßt. Sie kam mir froh entgegen, wie gewöhnlich, doch ein wenig verlegen, etwas unsicher, die Verlobung scheint doch unser Verhältnis etwas verändert zu haben, wie, das weiß sie nicht; sie nahm mich bei der Hand, aber nicht wie sonst mit einem Lächeln. Ich beantwortete diese Begrüßung mit einem leichten, fast unmerklichen Händedruck; ich war mild und freundlich, ohne jedoch erotisch zu sein. – Sie sitzt auf dem Sofa beim Teetisch, ich auf einem Stuhl an ihrer Seite. Eine verklärende Feierlichkeit zieht über die Situation hinweg, eine zarte Morgenbeleuchtung. Sie schweigt, nichts unterbricht die Stille. Mein Auge gleitet sachte über sie hin, nicht verlangend, fürwahr, dazu gehörte Frechheit. Eine feine, flüchtige Röte, gleich einer Wolke über dem Feld, zieht über sie hinweg, aufsteigend und vergehend. Was bedeutet dieses Erröten? Ist es Liebe, Verlangen, Hoffen, Furcht: denn des Herzens Farbe ist rot? Mitnichten. Sie wundert sich, sie verwundert sich – nicht über mich, das würde ihr zu wenig bieten; sie verwundert sich nicht über sich selbst, sondern in sich selbst, sie verwandelt sich in sich selbst. Dieser Augenblick fordert Stille, deshalb soll keine Reflexion ihn stören, kein Lärm der Leidenschaft ihn unterbrechen. Es ist, als sei ich nicht zugegen, und doch ist gerade mein Gegenwärtigsein die Bedingung für diese ihre kontemplative Verwunderung. Mein Wesen ist in Harmonie mit ihrem. In einem solchen Zustand wird ein junges Mädchen, wie einzelne Gottheiten, durch Schweigen angebetet und verehrt.

Welch ein Glück, daß ich das Haus meines Onkels habe. Wenn ich einem jungen Menschen Widerwillen gegen Tabak beibringen möchte, so werde ich ihn in eines der Raucherzimmer des Regent führen; wenn ich hingegen einem jungen Mädchen Widerwillen beibringen möchte, verlobt zu sein, dann brauche ich es nur hier einzuführen. So wie man im Zunfthaus der Schneider nur Schneider sucht, so hier nur Verlobte. Es ist eine schreckliche Gesellschaft, in die man da gerät, und ich kann es Cordelia nicht verdenken, daß sie ungeduldig wird. Wenn wir *en masse* versammelt sind, sind wir, glaube ich, zehn Paare, ohne die hinzuzurechnenden Bataillone, die an den hohen Festtagen in die Hauptstadt kommen. Wir Verlobten können dort so recht die Freuden der Verlobung genießen. Ich treffe mich mit Cordelia am Allarmsplatz, um ihren Widerwillen gegen diese verliebten Handgreiflichkeiten, diese Plumpheiten verliebter Handwerksleute zu wecken. In einem fort hört man den ganzen Abend hindurch ein Geräusch, als ginge jemand mit einer Fliegenklatsche herum – es sind die Küsse der Verliebten. In diesem Haus verfügt man über eine liebenswerte Ungeniertheit; man sucht dafür nicht einmal einen Winkel, nein! Man sitzt um einen großen runden Tisch. Auch ich mache Miene, Cordelia auf diese Weise zu behandeln. Zu diesem Zweck muß ich mir selbst in hohem Maß Gewalt antun. Es wäre wirklich empörend, wenn ich mir erlaubte, ihre verborgene Weiblichkeit auf diese Art zu brüskieren. Ich würde mir deswegen größere Vorwürfe machen, als wenn ich sie betrügen würde. Überhaupt kann ich jedem Mädchen, das sich mir anvertraut, eine vollkommen ästhetische Behandlung zusichern; nur endet es damit, daß sie betrogen wird; aber das steht auch in meiner Ästhetik, denn entweder betrügt das Mädchen den Mann oder der Mann das Mädchen. Es wäre schon interessant, wenn man den einen oder anderen alten literarischen Klepper dazu bringen könnte, in den Abenteuern, Sagen, Volksweisen, Mythologien auszuzählen, wer öfter treulos ist, ein Mädchen oder ein Mann.

Ich bereue nicht die Zeit, die Cordelia mich kostet, obgleich sie mich viel Zeit kostet. Jedes Treffen erfordert oft lange Vorbereitungen. Ich erlebe mit ihr das Erwachen ihrer Liebe. Ich bin selbst fast unsichtbar zugegen, wenn ich sichtbar neben ihr sitze. Wie bei einem Tanz, der eigentlich zu zweit getanzt werden soll, nur von einem getanzt wird, so verhalte ich mich ihr gegenüber. Ich bin nämlich der zweite Tänzer, aber unsichtbar. Sie bewegt sich wie im Traum, und doch tanzt sie mit einem Partner, und dieser Partner bin ich, der, sofern ich sichtbar zugegen bin, unsichtbar ist, sofern ich unsichtbar bin, sichtbar ist. Die Bewegungen fordern einen Partner; sie beugt sich zu ihm, sie reicht ihm die Hand, sie flieht, sie nähert sich wieder. Ich nehme ihre Hand, ich vervollständige ihren Gedanken, der doch in sich selbst vollständig ist. Sie bewegt sich nach der eigenen Melodie ihrer Seele; ich bin nur der Anlaß dazu, daß sie sich bewegt, ich bin nicht erotisch, das würde sie nur erwecken, ich bin geschmeidig, wendig, unpersönlich, fast wie eine Stimmung.

Worüber sprechen Verlobte gewöhnlich? Soviel ich weiß, sind sie emsig bemüht, sich gegenseitig in den langweiligen Zusammenhang der jeweiligen Familie einzuweben. Wen wundert es da, daß das Erotische verschwindet. Wenn man es nicht versteht, die Liebe zum Absoluten zu machen, dem gegenüber alle anderen Historien verschwinden, dann sollte man sich nie darauf einlassen, zu lieben, selbst wenn man sich zehnmal verheiratet. Ob ich eine Tante habe, die Marianne heißt, einen Onkel, der Christopher heißt, einen Vater habe, der Major ist usw. usw., all diese Eröffnungen sind dem Mysterium der Liebe nicht bekömmlich. Ja selbst das eigene vergangene Leben bedeutet nichts. Ein junges Mädchen hat gewöhnlich in dieser Hinsicht nicht viel zu erzählen; hat sie es dennoch, so kann es wohl der Mühe wert sein, ihr zuzuhören; aber in der Regel nicht, sie zu lieben. Ich für meine Person suche keine Geschichten, deren ich gewiß genug habe; ich suche Ursprünglichkeit. Das ist das Ewige in der

Liebe, daß die Individuen erst in ihrem Augenblick für einander entstehen.

Etwas Vertrauen muß in ihr geweckt, oder besser ein Zweifel zerstreut werden. Auch gehöre ich nicht zu der Zahl der Liebenden, die einander aus Achtung lieben, aus gegenseitiger Achtung heiraten, aus Achtung miteinander Kinder haben; und doch weiß ich gut, daß die Liebe, insbesondere solange sich die Leidenschaft nicht regt, von dem, der ihr Gegenstand ist, fordert, daß er nicht ästhetisch gegen das Moralische verstößt. In dieser Beziehung hat die Liebe ihre eigene Dialektik. Während so gesehen vom moralischen Standpunkt aus mein Benehmen Edvard gegenüber weitaus tadelnswerter ist als mein Verhalten der Tante gegenüber, so wird es mir viel leichter fallen, jenes vor Cordelia zu rechtfertigen als dieses. Sie hat nichts darüber geäußert, aber ich hielt es doch für richtig, ihr zu erklären, warum es notwendig war, auf diese Weise aufzutreten. Die Vorsicht, die ich angewandt habe, schmeichelt ihrem Stolz, die Heimlichkeit, mit der ich alles gehandhabt habe, fesselt ihre Aufmerksamkeit. Es könnte wohl den Anschein haben, als verrate ich hier schon zuviel erotische Bildung, daß ich in Widerspruch mit mir selbst gerate, wenn ich später gezwungen werde, vorzugeben, daß ich noch nie zuvor geliebt habe; aber das macht nichts. Ich habe keine Angst, mir selbst zu widersprechen, wenn nur sie es nicht merkt, und ich erreiche, was ich will. Mögen gelehrte Disputatoren ihre Ehre darein setzen, jeglichen Widerspruch zu vermeiden; das Leben eines jungen Mädchens ist zu reich, als daß es darin keine Widersprüche geben sollte und also Widersprüche notwendig macht.

Sie ist stolz und hat zugleich keine eigentliche Vorstellung vom Erotischen. Während sie sich jetzt zwar in geistiger Hinsicht im gewissen Grad vor mir beugt, so ließe sich denken, daß es ihr in den Sinn kommt, ihren Stolz gegen mich zu wenden, wenn das Erotische anfängt, sich geltend zu machen. Nach allem, was ich beobachten kann, ist sie unschlüssig über die eigentliche Bedeutung der Frau. Deshalb war es leicht, ihren Stolz gegen Edvard aufzubringen. Dieser Stolz war indes vollkommen exzentrisch, weil sie keine Vorstellung von der Liebe hatte. Bekommt sie sie, dann bekommt sie ihren gesunden Stolz; aber ein Rest jenes Exzentrischen könnte sich leicht dazu gesellen. Es wäre denkbar, daß sie sich gegen mich wendet. Wenn das sie auch nicht bereuen läßt, der Verlobung ihre Zustimmung gegeben zu haben, so wird sie doch leicht erkennen, daß ich sie günstig erwarb. Sie wird erkennen, daß der Anfang von ihrer Seite aus nicht richtig war. Geht ihr das auf, dann wird sie es wagen, mir die Spitze zu bieten. So soll es sein. Dann kann ich mich vergewissern, wie tief sie bewegt ist.

Ganz richtig, schon von weit unten in der Straße her sehe ich diesen hübschen kleinen Lockenkopf, der sich so weit wie möglich aus dem Fenster beugt. Es ist der dritte Tag, daß ich das bemerke ... Ein junges Mädchen steht sicherlich nicht für nichts am Fenster, sie hat vermutlich ihren guten Grund ... Aber um Himmels willen, ich bitte Sie, strecken Sie ihn doch nicht so weit aus dem Fenster heraus; ich wette, daß Sie auf der Sprosse des Stuhles stehen, das schließe ich aus der Stellung. Bedenken Sie, wie entsetzlich es wäre, wenn Sie, nicht mir, denn ich halte mich bis auf weiteres aus der Sache heraus, aber ihm auf den Kopf fielen, ihm, ja ihm, denn es muß ihn ja geben ... Aber was sehe ich, da unten kommt mein Freund Lic. Hansen mitten auf der Straße daher. Es ist etwas Ungewöhnliches in seinem Auftreten, es ist eine ungewöhnliche Fortbewegung, wenn ich recht sehe, kommt er auf den Flügeln der Sehnsucht. Sollte er hier verkehren? Und ich weiß das nicht ... Mein schmuckes Fräulein, Sie sind verschwunden; ich kann mir denken, daß Sie gegangen sind, ihm die Tür zu seinem Empfang zu öffnen. Kommen Sie nur zurück, er wird keineswegs ins Haus treten ... wieso wissen Sie das besser? Das kann ich Ihnen aber versichern ... er sagte es selbst. Hätte der Wagen, der vorbeifuhr, nicht soviel Lärm gemacht, so hätten Sie es selbst hören können. Ich sagte so ganz *en passant* zu ihm: gehst Du hier herein; darauf antwortete er mit einem klaren Nein ... Jetzt können Sie sich ruhig empfehlen; denn jetzt werden der Lizentiat und ich einen Spaziergang machen. Er ist verlegen, und verlegene Leute reden gern. Jetzt werde ich mit ihm über das Predigeramt sprechen, das er sucht ... Leben Sie wohl, mein schmuckes Fräulein, jetzt gehen wir zum Zollamt. Wenn wir dort angelangt sind, werde ich zu ihm sagen: verteufelt übrigens, wie Du mich von meinem Weg abgebracht hast, ich wollte zur Vestergade. – Sehen Sie, jetzt sind wir wieder hier . . . Welche Treue, sie steht noch am Fenster. Ein solches Mädchen muß einen Mann glücklich machen . . . Und weshalb mache ich das nun alles, fragen Sie. Weil ich ein niederer Mensch bin, der seine Freude daran hat, andere zu ärgern? Mitnichten. Es geschieht aus Umsicht für Sie, mein liebenswertes Fräulein. Erstens. Sie haben auf den Lizentiat gewartet, sich nach ihm gesehnt, und so ist es doppelt schön, wenn er kommt. Zweitens. Wenn der Lizentiat zur Türe herein kommt, so sagt er: »Alle Wetter, da hätten wir uns fast verraten, steht da doch dieser verdammte Mensch im Eingang, als ich Dich besuchen wollte. Aber ich war klug, ich verwickelte ihn in ein langes Gespräch über das Amt, das ich suche, bis hin zum Zollamt hinaus brachte ich ihn und wieder zurück; ich versichere Dir, er hat nichts gemerkt.« Und was dann? So halten Sie noch mehr vom Lizentiat als vorher; denn Sie haben stets daran geglaubt, daß er eine ausgezeichnete Gesinnung hat, aber daß er klug ist . . . ja, nun sehen Sie ja selbst. Und das haben Sie mir zu verdanken – – – Aber da fällt mir etwas ein. Ihre Verlobung kann noch nicht bekanntgegeben sein, sonst müßte ich das wissen. Das Mädchen ist reizend und erfreulich anzusehen; aber sie ist jung. Vielleicht ist ihre Erkenntnis noch nicht gereift. Wäre es nicht denkbar, daß sie leichtsinnig einen äußerst ernsthaften Schritt tat? Das muß verhindert werden; ich muß mit ihr sprechen. Das schulde ich ihr; denn sie ist ein sehr liebenswertes Mädchen. Das schulde ich dem Lizentiat, denn er ist mein Freund; insofern bin ich es auch ihr schuldig, denn sie ist die Zukünftige meines Freundes. Ich schulde es der Familie, denn es ist sicher eine sehr achtbare Familie. Ich schulde es der ganzen Menschheit, denn es ist eine gute Tat. Der ganzen Menschheit! Ein großer Gedanke, ein erhebender Sport, im Namen des ganzen Menschengeschlechts zu handeln, im Besitz einer solchen Generalvollmacht zu sein. – Aber zu Cordelia. Ich kann Stimmung immer gebrauchen, und die schöne Sehnsucht des Mädchens hat mich wirklich bewegt.

Jetzt beginnt also der erste Krieg mit Cordelia, in dem ich fliehe und sie damit lehre zu siegen, indem sie mich verfolgt. Ich fliehe ständig zurück, und durch dieses sich Zurückziehen lehre ich sie, an mir die Macht aller Liebenden zu erkennen, deren unruhige Gedanken, ihre Leidenschaft, was Sehnsucht ist und was Hoffnung und ungeduldige Erwartung. Indem ich so vor ihr figuriere, entwickelt sich dieses alles entsprechend in ihr. Es ist ein Triumphzug, in dem ich sie führe, und ich selbst bin ebenso der, welcher dithyrambisch ihren Sieg lobpreist wie der, welcher den Weg weist. Sie wird Mut gewinnen, an die Liebe zu glauben, daran, daß sie eine ewige Macht ist, wenn sie ihre Gewalt über mich sieht, meine Bewegungen sieht. Sie wird mir glauben, teils weil ich mich auf meine Kunst verlasse, teils weil dem, was ich tue, Wahrheit zugrunde liegt. Denn wäre das nicht der Fall, dann würde sie mir nicht glauben. Mit jeder meiner Bewegungen wird sie stärker und stärker; die Liebe erwacht in ihrer Seele, sie ist eingesetzt in ihre Bedeutung als Weib. – Ich habe bisher nicht, wie es im spießbürgerlichen Sinn heißt, um sie gefreit; das tue ich jetzt, ich mache sie frei, nur so will ich sie lieben. Daß sie mir das schuldet, darf sie nicht ahnen, denn dann verlöre sie das Vertrauen in sich selbst. Wenn sie sich dann frei fühlt, so frei, daß sie fast versucht wird, mit mir brechen zu wollen, dann beginnt der zweite Krieg. Jetzt hat sie Kraft und Leidenschaft und für mich der Kampf Bedeutung. Gesetzt den Fall, sie schwindelt in ihrem Stolz, gesetzt den Fall, sie bricht mit mir, nun gut; sie hat ihre Freiheit; aber mir gehören soll sie dennoch. Daß die Verlobung sie binden sollte, ist eine Torheit, nur in ihrer Freiheit will ich sie besitzen. Soll sie mich verlassen, der zweite Kampf beginnt dennoch, und in diesem Kampf siege ich so gewiß wie es eine Täuschung war, daß sie im ersten gesiegt hat. Je größer die Kraftfülle in ihr ist, um so interessanter für mich. Der erste Krieg ist der Befreiungskrieg; er ist ein Spiel; der zweite der Eroberungskrieg auf Leben und Tod.

Liebe ich Cordelia? ja! Aufrichtig? ja! Getreu? Ja! – ästhetisch verstanden, und das hat doch wohl auch etwas zu bedeuten. Was hätte es diesem Mädchen geholfen, wenn es in die Hände eines Tölpels von getreuem Ehemann gefallen wäre? Nichts. Man sagt, es gehört etwas mehr dazu als Ehrlichkeit, um durch die Welt zu kommen; ich würde sagen, es gehört etwas mehr als Ehrlichkeit dazu, ein solches Mädchen zu lieben. Dieses Mehr habe ich – es ist Falschheit. Und doch liebe ich sie getreu. Streng und enthaltsam wache ich über mich selbst, damit alles, was in ihr liegt, diese ganze göttlich reiche Natur in ihr zur Entfaltung kommt. Ich bin einer der wenigen, die dazu imstande sind, sie ist eine der wenigen, die sich dazu eignen; passen wir da nicht zueinander?

Sündige ich, wenn ich, statt auf den Pfarrer zu sehen, meine Augen auf das schöne gestickte Taschentuch hefte, das Sie in der Hand halten? Sündigen Sie, daß Sie es so halten? . . . Es steht ein Name in der Ecke . . . Sie heißen Charlotte Hahn? Es ist so verführerisch, auf eine so zufällige Weise den Namen einer Dame zu erfahren. Es ist, als gäbe es einen dienstbaren Geist, der mich heimlich mit Ihnen bekannt machte . . . Oder ist es kein Zufall, daß das Taschentuch sich gerade so entfaltet, daß ich den Namen sehen kann . . . Sie sind bewegt, sie trocknen sich eine Träne aus dem Auge . . . das Taschentuch hängt wieder lose herab . . . Es fällt Ihnen auf, daß ich Sie ansehe und nicht den Pfarrer. Sie sehen auf das Taschentuch, Sie merken, daß es Ihren Namen verraten hat . . . das ist ja eine ganz unschuldige Sache, man kann leicht den Namen eines Mädchens erfahren . . . Warum muß jetzt das Taschentuch herhalten, warum muß es zusammengeknüllt werden? Warum ihm zürnen? Warum mir zürnen? Hören Sie, was der Pfarrer sagt: »Keiner führe den anderen in Versuchung; auch wer es unwissentlich tut, auch er trägt eine Verantwortung, auch er trägt dem anderen gegenüber Schuld, die er nur durch vermehrtes Wohlwollen gutmachen kann.«... Jetzt sprach er das Amen, draußen vor der Kirchentür, dort dürfen Sie es wagen, Ihr Taschentuch frei im Winde flattern zu lassen ... oder haben Sie Angst bekommen vor mir, was habe ich denn getan? ... habe ich mehr getan, als Sie vergeben können, als an was Sie sich zu erinnern wagen – um zu vergeben.

Im Verhältnis zu Cordelia wird eine doppelte Bewegung notwendig. Würde ich beständig nur vor ihrer Übermacht flüchten, wäre es schon möglich, daß das Erotische in ihr zu dissolut und frei würde, als daß die tiefere Weiblichkeit sich hypostatieren könnte. Sie würde dann, wenn der zweite Kampf beginnt, nicht in der Lage sein, Widerstand zu leisten. Sie kommt zwar im Schlaf zum Sieg, aber das soll sie auch; andererseits muß sie beständig aufgeweckt werden. Wenn es einen Augenblick so aussieht für sie, als würde ihr der Sieg wieder entrissen, muß sie lernen, ihn festhalten zu wollen. An diesem Ringen reift ihre Weiblichkeit. Ich könnte entweder Gespräche nutzen, sie zu entflammen, Briefe, sie abzukühlen, oder es umgekehrt halten. Letzteres ist in jedem Fall vorzuziehen. Ich genieße dann ihre meist außerordentlichen Augenblicke. Wenn sie einen Brief erhalten hat, wenn dessen süßes Gift ihr ins Blut gegangen ist, dann genügt ein Wort, um die Liebe hervorbrechen zu lassen. Im nächsten Augenblick bringen Ironie und Rauhreif ihr Zweifel, jedoch nur soviel, daß sie noch weiter ihren Sieg fühlt, ihn verstärkt fühlt beim Erhalt des nächsten Briefes. Ironie läßt sich auch nicht so recht in Briefen anbringen, ohne Gefahr zu laufen, daß sie von ihr nicht verstanden wird. Schwärmerei kann man im Gespräch nur momentweise anwenden. Meine persönliche Anwesenheit wird die Ekstase verhindern. Wenn ich nur durch einen Brief gegenwärtig bin, kann sie mich leicht ertragen, sie verwechselt mich bis zu einem gewissen Grad mit einem universellen Wesen, das in ihrer Liebe wohnt. In einem Brief kann man sich auch besser tummeln, in einem Brief kann ich mich vortrefflich ihr zu Füßen werfen usw., etwas das leicht wie sinnloses Geschwätz wirken würde, wenn ich es persönlich täte; und die Illusion ginge verloren. Der Widerspruch in diesen Regungen wird die Liebe in ihr wecken und entwickeln, stärken und konsolidieren, mit einem Wort, sie versuchen. –

Diese Briefe dürfen jedoch nicht zu früh einen stark erotischen Klang annehmen. Am Anfang ist es am besten, daß sie in allgemeiner Art gehalten sind, nur eine einzelne Andeutung enthalten, einen einzelnen Zweifel beseitigen. Gelegentlich wird auch der Vorteil angedeutet, den eine Verlobung hat, insofern man mit Mystifikation die Leute abhalten kann. Welche Unvollkommenheiten sie im übrigen hat, das zu erkennen soll es ihr nicht an Gelegenheiten mangeln. Ich habe im Haus meines Onkels eine Karikatur, die ich jederzeit daneben halten kann. Das innig Erotische kann sie ohne meine Hilfe nicht hervorbringen. Verleugne ich das und lasse dieses Zerrbild sie plagen, kann sie es leid werden, verlobt zu sein, ohne aber eigentlich sagen zu können, daß ich es war, der es ihr verleidet hat.

Ein kleiner Brief wird ihr heute ein Zeichen geben, wie es um ihr Innerstes steht, indem er meinen Seelenzustand schildert. Das ist die richtige Methode, und Methode habe ich. Dafür danke ich Euch, ihr lieben kleinen Mädchen, die ich vorher geliebt habe. Euch verdanke ich es, daß meine Seele so gestimmt ist, daß ich das, was ich möchte, für Cordelia sein kann. Dankbar gedenke ich eurer, euch gebührt die Ehre; ich werde jederzeit bestätigen, daß ein junges Mädchen die geborene Lehrmeisterin ist, von der man jederzeit etwas lernen kann, und sei es nur, um sie zu betrügen – denn das lernt man am besten von den Mädchen selbst; wie alt ich auch werden mag, so werde ich doch nie vergessen, daß es erst dann vorbei ist mit einem Menschen, wenn er so alt geworden ist, daß er nichts mehr von einem jungen Mädchen lernen kann.

Meine Cordelia!
Du sagst, daß Du Dir mich so nicht vorgestellt hast, aber ich hatte mir ja auch selbst nicht vorgestellt, daß ich so werden könnte. Liegt nun die Veränderung bei Dir? Denn es ließe sich ja denken, daß ich mich eigentlich nicht verändert habe, sondern daß Du mich mit anderen Augen siehst; oder liegt es an mir? Es liegt an mir, denn ich liebe Dich; es liegt an Dir, denn Du bist es, die ich liebe. Mit dem kühlen, ruhigen Licht des

Verstandes betrachtete ich alles, stolz und unbewegt, nichts erschreckte mich, nichts überraschte mich, selbst wenn ein Geist an meine Tür geklopft hätte, hätte ich ruhig nach dem Armleuchter gegriffen, um sie zu öffnen. Aber sieh, es waren keine Gespenster, denen ich öffnete, keine bleichen, kraftlosen Gestalten, sondern Dir, meiner Cordelia, es waren Leben und Jugend und Gesundheit und Schönheit, die mir entgegen traten. Mein Arm zittert, ich vermag nicht, das Licht ruhig zu halten, ich weiche vor Dir zurück und kann es doch nicht lassen, meine Augen auf Dich zu heften, es nicht lassen, zu wünschen, daß ich das Licht ruhig halten könnte. Verändert bin ich; aber wozu, auf welche Weise, worin besteht diese Veränderung? Ich weiß es nicht, ich weiß keine nähere Bezeichnung anzufügen, kein reicheres Prädikat zu gebrauchen als dieses, wenn ich unendlich rätselhaft von mir selbst sage: ich habe mich verändert.

Dein Johannes

Meine Cordelia!
Liebe liebt Heimlichkeit – eine Verlobung ist eine Offenbarung; sie liebt Verschwiegenheit – eine Verlobung ist eine Bekanntmachung; sie liebt das Flüstern – eine Verlobung ist eine lautstarke Verkündigung; und doch wird eine Verlobung mit der Kunst meiner Cordelia gerade ein vorzügliches Mittel sein, die Feinde zu täuschen. In einer dunklen Nacht ist nichts so gefährlich für andere Schiffe, als eine Laterne herauszuhängen, die mehr täuscht als die Dunkelheit.

Dein Johannes

Sie sitzt im Sofa am Teetisch, ich sitze neben ihr; sie hat sich bei mir eingehängt, ihr Haupt, schwer von vielen Gedanken, ruht an meiner Schulter. Sie ist mir so nah und doch noch fern, sie gibt sich hin und doch gehört sie mir nicht. Noch wird Widerstand geleistet; er ist aber nicht subjektiv reflektiert, es ist der übliche Widerstand der Weiblichkeit; denn das Wesen des Weibes ist die Hingabe, deren Form Widerstand ist. — Sie sitzt im Sofa am Teetisch, ich sitze an ihrer Seite. Ihr Herz klopft, jedoch ohne Leidenschaft, der Busen bewegt sich, jedoch nicht in Unruhe, zuweilen wechselt sie die Farbe, jedoch in leichten Übergängen. Ist das Liebe? Keineswegs. Sie lauscht, sie versteht. Sie lauscht dem beflügelten Wort, sie versteht es, sie lauscht den Worten eines anderen, sie versteht sie wie ihre eigenen; sie lauscht der Stimme eines anderen, indem diese in ihr widerhallt, sie versteht diesen Widerhall als sei es ihre eigene Stimme, die für sie und für den anderen offenbart.

Was tue ich? Betöre ich sie? Keineswegs; damit wäre mir nicht gedient. Stehle ich ihr Herz? Keineswegs, ich sehe es auch lieber, daß das Mädchen, das ich lieben soll, ihr Herz behält. Was tue ich dann? Ich bilde mir ein Herz nach ihrem Herzen. Ein Künstler malt seine Geliebte, das ist jetzt seine Freude, ein Bildhauer formt sie. Das tue ich auch, aber im geistigen Sinn. Sie weiß nicht, daß ich dieses Bild besitze, und darin liegt eigentlich mein Betrug. Geheimnisvoll habe ich es mir beschafft, und in diesem Sinn habe ich ihr Herz gestohlen, so wie es von Rebekka heißt, daß sie Labans Herz gestohlen habe, als sie ihm auf hinterlistige Weise seine Hausgötter entwendete.

Umgebung und Rahmen üben doch einen großen Einfluß aus, sind etwas, das sich am schnellsten und tiefsten dem Erinnerungsvermögen einprägt, oder richtiger der ganzen Seele, und deshalb auch nicht vergessen werden. Wie alt ich auch werden mag, es wird mir doch immer unmöglich sein, an Cordelia in einer anderen Umgebung zu denken als in diesem kleinen Zimmer. Wenn ich sie besuchen komme, läßt mich für gewöhnlich das Hausmädchen in die Diele eintreten; sie selbst betritt sie von ihrem Zimmer aus, und während ich die Türe öffne, um in das Wohnzimmer einzutreten, öffnet sie die andere Türe, so daß sich unsere Augen sofort in der Türe treffen. Das Wohnzimmer ist klein, gemütlich, ist fast eher ein Kabinett. Obgleich ich es jetzt von verschiedenster Sicht aus gesehen habe, bleibt mir doch die vom Sofa aus die liebste. Sie sitzt dort an meiner Seite, davor steht ein runder Teetisch, über den eine Tischdecke in reichen Falten gebreitet ist. Auf dem Tisch steht eine Lampe, in Form einer Blume gestaltet, die kräftig und voll emporsprießt, um ihre Krone zu tragen, von der wiederum ein feiner, aus Papier ausgeschnittener Schleier herunterhängt, so zart, daß er nicht still liegen kann. Die Form der Lampe erinnert an die Natur des Orient, die Bewegungen des Schleiers an die linden Lüfte jener Gegend. Der Fußboden ist mit einem Teppich bedeckt, der aus einer besonderen Art Weide geflochten ist, eine Arbeit, die sofort seine fremde Herkunft verrät. In einzelnen Augenblicken lasse ich jetzt die Lampe die leitende Idee in meiner Landschaft sein. Ich sitze dann mit ihr auf der Erde, hingestreckt unter der Blume der Lampe. Ein anderes Mal lasse ich den Weidenteppich die Vorstellung eines Schiffes, einer Offizierskajüte hervorrufen – wir segeln dann draußen mitten auf dem großen Ozean. Da wir weit entfernt vom Fenster sitzen, sehen wir unmittelbar in den ungeheuren Horizont des Himmels hinein. Auch das steigert die Illusion. Wenn ich dann so an ihrer Seite sitze, lasse ich dergleichen sich als ein Bild erweisen, das ebenso flüchtig über die Wirklichkeit hinwegeilt wie einem der Tod über das Grab läuft. – Die Umgebung ist stets von großer Wichtigkeit, besonders der Erinnerung wegen. Ein jedes erotisches Verhältnis muß so durchlebt sein, daß es einem leicht fällt, ein Bild zustande zu bringen, das all das Schöne davon enthält. Damit das gelingen kann, muß man der Umgebung besondere Aufmerksamkeit schenken. Findet man sie nicht seinem Wunsch entsprechend vor, muß man sie herbeiführen. Für Cordelia und ihre Liebe paßt die Umgebung vollkommen. Welch völlig anderes Bild zeigt sich mir hingegen, wenn ich an meine kleine *Emilie* denke, und doch, wie paßte wiederum die Umgebung. Sie kann ich mir nicht vorstellen, oder besser, an sie will ich mich nur in dem kleinen Gartenzimmer erinnern. Die Türen standen offen, der kleine Garten vor dem Haus begrenzte die Aussicht, zwang das Auge, dagegen zu stoßen, davor anzuhalten, bevor es kühn dem Landweg folgte, der sich in der Ferne verlor. Emilie war liebreizend, aber unbedeutender als Cordelia. Auch darauf war die Umgebung berechnet. Das Auge hielt sich an die Erde, es stürmte nicht kühn und ungeduldig voran, es verweilte auf dem kleinen Vordergrund; der Landweg selbst, wenn er sich auch romantisch in der Ferne verlor, wirkte doch eher so, daß das Auge die vor ihm liegende Strecke durchlief, sich wieder zurückwandte, um wieder dieselbe Strecke zu durchlaufen. Das Zimmer lag zu ebener Erde. Bei Cordelia darf die Umgebung keinen Vordergrund haben, sondern nur des Horizonts unendliche Kühnheit. Sie darf nicht auf der Erde haften, sondern muß schweben, nicht gehen, sondern fliegen, nicht hin und zurück, sondern ewig vorwärts.

Wenn man selbst verlobt ist, wird man recht gründlich in die Narrheiten der Verlobten eingeweiht. Vor ein paar Tagen erschien Lic. Hansen mit dem liebenswerten jungen Mädchen, mit dem er sich verlobt hat. Er vertraute mir an, daß sie allerliebst sei, das wußte ich schon vorher, er vertraute mir an, daß sie sehr jung sei, das wußte ich auch, schließlich vertraute er mir an, daß er sie gerade deswegen auserwählt habe, um sie selbst zu dem Ideal zu formen, das ihm immer vorgeschwebt habe. Mein Gott, welch armseliger Lizentiat – und ein gesundes, blühendes, lebensfrohes Mädchen. Nun bin ich ein ziemlich alter Praktiker, und doch nähere ich mich nie einem jungen Mädchen anders als dem *Venerabile* der Natur, und lerne zuerst von ihr. Insoweit ich einen formenden Einfluß auf sie haben kann, so dadurch, sie immer wieder und wieder zu lehren, was ich von ihr gelernt habe.

Ihre Seele muß nach allen möglichen Richtungen bewegt, nach allen möglichen Richtungen aufgeklärt werden, jedoch nicht stückweise und durch Windstöße, sondern total. Sie muß das Unendliche entdecken, erfahren, daß es das ist, was einem Menschen am nächsten liegt. Nicht auf dem Weg des Denkens, der für sie ein Umweg ist, muß sie es entdecken, sondern in der Phantasie, die zwischen ihr und mir die eigentliche Kommunikation ist; denn das, was beim Manne ein Teil ist, ist bei einem Weib das Ganze. Nicht auf dem mühseligen Weg des Denkens soll sie sich zu dem Unendlichen durcharbeiten; denn die Frau ist nicht geschaffen, um zu arbeiten, sondern auf dem leichten Weg der Phantasie und des Herzens soll sie es erfassen. Das Unendliche ist einem Mädchen so natürlich wie die Vorstellung, daß alle Liebe glücklich sein müsse. Ein junges Mädchen hat überall, wohin es sich wendet, die Unendlichkeit um sich, und der Übergang ist ein Sprung, aber wohlgemerkt ein weiblicher, nicht ein männlicher. Wie tolpatschig sind doch im allgemeinen die Männer. Wenn sie springen sollen, so müssen sie einen Anlauf nehmen, lange Vorbereitungen treffen, den Abstand mit dem Auge abmessen, mehrere Male anlaufen: scheuen und sich wieder zurückwenden. Schließlich springen sie und fallen rein. Ein junges Mädchen springt auf andere Weise. Im Gebirge findet man oft zwei aufragende Felsspitzen. Eine gähnende

Tiefe trennt sie, schrecklich in sie hinunterzusehen. Kein Mann wagt diesen Sprung. Ein Mädchen hingegen, so erzählen die Gebirgsbewohner, hat es gewagt, und man nennt es den Mägdesprung. Ich glaube das gern, so wie ich alles Vortreffliche über ein junges Mädchen glaube, und es ist für mich wie ein Rausch, die einfältigen Bewohner darüber sprechen zu hören. Ich glaube alles, glaube das Wunderliche, werde davon in Erstaunen gesetzt, nur um zu glauben; wie das einzige, das mich in der Welt erstaunt hat, ein junges Mädchen ist, das Erste ist und das Letzte bleibt. Und doch ist ein solcher Sprung für ein junges Mädchen nur ein Hüpfen, während der Sprung eines Mannes immer lächerlich sein wird, weil seine Anstrengung, wie weit er auch seine Beine spreizt, schon nichts bedeutet im Verhältnis zum Abstand der Felsspitzen und doch eine Art Maßstab abgibt. Wer aber könnte so töricht sein, sich vorzustellen, daß ein junges Mädchen einen Anlauf nimmt. Man kann sie sich wohl laufend vorstellen, aber dann ist dieses Laufen selbst ein Spiel, ein Genuß, ein Entfalten von Grazie, während die Vorstellung eines Anlaufs trennt, was bei einem Weib zusammen gehört. Ein Anlauf hat nämlich das Dialektische in sich, das ist der Natur des Weibes entgegen. Und jetzt der Sprung, wer würde hier wagen, so unschön zu sein, zu trennen, was zusammengehört! Ihr Sprung ist ein Schweben. Und wenn sie auf der anderen Seite angekommen ist, steht sie wieder da, nicht ermattet von der Anstrengung, sondern schöner als je, seelenvoller, wirft uns, die auf der anderen Seite stehen, einen Kuß zu. Jung, neugeboren, wie eine Blume, die aus der

Wurzel des Berges emporgesprossen ist, schaukelt sie sich über den Abgrund, daß es uns fast schwarz vor den Augen wird. – – – Sie muß lernen, alle Bewegungen der Unendlichkeit zu machen, sich selbst zu schaukeln, sich in Stimmungen zu wiegen, Poesie und Wirklichkeit, Wahrheit und Dichtung zu verwechseln, sich in der Unendlichkeit zu tummeln. Wenn sie mit diesem Tummeln dann vertraut ist, füge ich das Erotische hinzu, dann ist sie, wie ich sie möchte und wünsche. Dann ist mein Dienst, ist meine Arbeit beendet, dann ziehe ich alle meine Segel ein, dann sitze ich an ihrer Seite, wir fahren unter ihrem Segel weiter. Und fürwahr, wenn dieses Mädchen erst einmal erotisch berauscht ist, so habe ich genug damit zu tun, am Ruder zu sitzen, um die Fahrt zu mäßigen, damit nichts vorzeitig geschieht oder auf unschöne Weise. Gelegentlich sticht man ein kleines Loch in das Segel, und im nächsten Augenblick brausen wir wieder voran.

Im Haus meines Onkels entrüstet sich Cordelia mehr und mehr. Sie hat mich mehrere Male gebeten, daß wir nicht mehr dorthin gehen; es hilft ihr nichts, ich weiß stets neue Ausflüchte zu ersinnen. Als wir gestern abend von dort fortgingen, drückte sie meine Hand mit ungewöhnlicher Leidenschaft. Sie hat sich vermutlich dort recht gequält gefühlt, und das ist ja kein Wunder. Hätte ich nicht immer meinen Spaß daran, diese Kunstprodukte der Unnatürlichkeit zu beobachten, so könnte ich es unmöglich aushalten. Heute morgen erhielt ich einen Brief von ihr, in dem sie mit mehr

Witz als ich ihr zugetraut hätte über die Verlobungen spottet. Ich habe den Brief geküßt, es ist das teuerste, das ich von ihr erhalten habe. Recht so, meine Cordelia, so will ich es haben.

Es ist ein recht merkwürdiges Zusammentreffen, daß auf der Östergade zwei Konditoren einander gegenüber wohnen. Links wohnt auf der ersten Etage eine kleine Jungfer oder ein Fräulein. Sie verbirgt sich gewöhnlich hinter einer Jalousie, die das Fenster bedeckt, hinter dem sie sitzt. Die Jalousie ist aus recht dünnem Material, und wer das Mädchen kennt oder es öfters gesehen hat, kann, wenn er gute Augen hat, leicht jeden einzelnen Zug wiedererkennen, während sie sich für den, der sie nicht kennt und der keine guten Augen hat, als eine dunkle Gestalt zeigt. Letzteres ist bis zu einem gewissen Grad bei mir der Fall, ersteres bei einem jungen Offizier, der jeden Tag genau um 12 Uhr dort aufkreuzt und seinen Blick nach oben zu der Jalousie hin richtet. Aufmerksam geworden auf dieses schöne telegraphische Verhältnis bin ich eigentlich durch die Jalousie. An den übrigen Fenstern befindet sich keine Jalousie, und eine so einsame Jalousie, die nur ein Fenster verbirgt, ist gewöhnlich ein Zeichen dafür, daß dort ständig eine Person dahinter sitzt. An einem Vormittag stand ich am Fenster des Konditors auf der anderen Seite. Es war gerade 12 Uhr. Ohne auf die Vorübergehenden zu achten, heftete ich meinen Blick auf jene Jalousie, als sich plötzlich die dunkle Gestalt dahinter zu bewegen begann. Ein weiblicher

Kopf zeigte sich im Profil am Fenster daneben derart, daß er sich auf sonderbare Weise in die Richtung zur Jalousie hin weisend drehte. Daraufhin nickte die Eigentümerin dieses Hauptes sehr freundlich und verbarg sich wieder hinter der Jalousie. Zuerst einmal schloß ich daraus, daß die Person, die sie gegrüßt hatte, ein Mannsbild war, denn ihre Bewegungen waren zu leidenschaftlich, um vom Anblick einer Freundin hervorgerufen worden zu sein; zum anderen schloß ich daraus, daß derjenige, dem der Gruß galt, gewöhnlich von der anderen Seite kommt. Sie hatte sich ganz richtig plaziert, um ihn schon von weitem sehen zu können, ja ihn sogar, wohl von der Jalousie verborgen, grüßen zu können. --- Sehr richtig, genau um 12 Uhr kommt der Held in dieser kleinen Liebes-Szene, unser lieber Leutnant. Ich sitze beim Konditor im Parterre des Hauses, wo das Fräulein im ersten Stock wohnt. Der Leutnant hat bereits die Augen auf sie gerichtet. Paß auf, mein lieber Freund, es ist keine leichte Sache, schmuck zum ersten Stock hinauf zu grüßen. Er ist übrigens nicht übel, gut gewachsen, schlank, eine schmucke Gestalt, eine gebogene Nase, schwarze Haare, der Dreispitz steht ihm gut. Jetzt hapert es, die Beine fangen an sich zu verheddern, zu lang zu sein. Auf die Augen macht das den Eindruck, den man mit dem Gefühl vergleichen kann, das man bei Zahnschmerzen hat und die Zähne im Mund zu lang werden. Wenn man seine ganze Macht in die Augen legen und ihnen die Richtung auf die erste Etage geben will, dann zieht man leicht zuviel Kraft aus den Beinen. Verzeihung, Herr Leutnant, daß ich diesen Blick auf seiner Himmelfahrt bremse. Es ist eine Ungezogenheit, ich weiß es. Sehr vielsagend kann man diesen Blick nicht nennen, eher nichtssagend, und doch vielversprechend. Aber diese vielen Versprechungen steigen ihm offenbar zu sehr zu Kopf; er schwankte, um des Dichters Wort über Agnete zu benutzen, er taumelte, er fiel. Das ist hart und hätte man mich gefragt, wäre es niemals passiert. Er ist zu gut dafür. Es ist richtig fatal; denn wenn man auf die Damen Eindruck machen will als Kavalier, dann darf man niemals fallen. Will man Kavalier sein, muß man auf dergleichen achten. Zeigt man sich dagegen nur als intelligente Größe, dann ist das alles gleichgültig; man kriecht in sich selbst, sinkt in sich selbst zusammen, man fällt zusammen, sollte man wirklich fallen, dann ist nichts Auffälliges daran. – – – Welchen Eindruck kann diese kleine Begebenheit wohl auf mein kleines Fräulein gemacht haben. Es ist Pech, daß ich nicht gleichzeitig auf beiden Seiten dieser Dardanellen-Straße sein kann. Ich könnte zwar einen Bekannten von mir auf der anderen Seite postieren, aber einesteils möchte ich meine Beobachtungen am liebsten immer selbst machen, und andererseits weiß man nie, was sich für mich bei der Geschichte ergeben kann, und in einem solchen Fall ist es nie gut, einen Mitwisser zu haben, weil man dann einen Teil der Zeit damit verschwenden muß, ihm zu entreißen, was er weiß und ihn ratlos zu machen. – – – Ich fange wirklich an, meines guten Leutnants überdrüssig zu werden. Tagaus, tagein zieht er in voller Uniform vorbei. Das ist ja eine erschreckende Standhaftigkeit. Schickt sich so etwas für einen Soldaten? Mein Herr, tragen Sie kein Seitengewehr? Gehörte es sich nicht, daß sie das Haus im Sturm und das Mädchen mit Gewalt nehmen? Ja, wären Sie ein Studiosus, ein Lizentiat, ein Kaplan, der sich durch Hoffnung am Leben hält, wäre es eine andere Sache. Aber ich verzeihe Ihnen; denn das Mädchen gefällt mir, je mehr ich sie ansehe. Es ist schmuck, ihre braunen Augen sind voller Schalk. Wenn es auf Sie wartet, wird ihre Miene von einer höheren Schönheit verklärt, das kleidet sie unbeschreiblich. Daraus schließe ich, daß sie viel Phantasie haben muß, und Phantasie ist die natürliche Schminke des schönen Geschlechts.

Meine Cordelia!
Was ist Verlangen? Die Sprache und die Dichter reimen darauf das Wort: gefangen. Wie ungereimt. Als ob nur der Verlangen spürt, der gefangen ist. Als könnte man nicht Verlangen haben, wenn man frei ist. Angenommen, ich sei frei, wieso sollte ich kein Verlangen haben. Und andererseits bin ich ja frei, frei wie ein Vogel, und doch, wieso sollte ich kein Verlangen haben! Es verlangt mich, wenn ich zu Dir gehe, es verlangt mich, wenn ich von Dir fortgehe, selbst wenn ich neben Dir an Deiner Seite sitze, verlange ich nach Dir. Kann man Verlangen nach etwas haben, was man hat? Ja, wenn man bedenkt, daß man es im nächsten Augenblick vielleicht nicht mehr hat. Mein Verlangen ist eine ewige Ungeduldigkeit. Erst wenn ich alle Ewigkeiten durchlebt und mich vergewissert hätte, daß Du in jedem Augenblick mir gehörst, erst dann würde ich

wieder zu Dir zurückkehren und mit Dir alle Ewigkeiten durchleben und wohl nicht genug Geduld haben, einen Augenblick von Dir getrennt zu sein, ohne danach zu verlangen, aber mit genügend Sicherheit, um ruhig an Deiner Seite zu sitzen.

Dein Johannes

Meine Cordelia!
Draußen vor der Tür wartet ein kleines Kabriolett, für mich größer als die ganze Welt, denn es ist groß genug für zwei; vorgespannt sind zwei Pferde, wild und unbändig wie Naturkräfte, ungeduldig wie meine Leidenschaft, kühn wie Deine Gedanken. Wenn Du es willst, dann führe ich Dich fort – meine Cordelia! Befiehlst Du es? Dein Befehl ist die Losung, die die Zügel und die Lust zu fliehen löst. Ich entführe Dich, nicht von den einen Menschen zu anderen, sondern hinaus in die Welt – die Pferde bäumen sich auf; der Wagen hebt sich; die Pferde stehen fast senkrecht über unseren Häuptern; wir fahren durch die Wolken hinein in den Himmel; um uns braust es; sind wir es, die still sitzen, und es ist die Welt, die sich bewegt, oder ist es unser wagemutiger Flug? Wird Dir schwindelig, meine Cordelia, dann halte Dich fest an mir; ich werde nicht schwindelig. Im geistigen Sinn wird man niemals schwindelig, wenn man nur an eine einzige Sache denkt, und ich denke nur an Dich – im körperlichen Sinn niemals schwindelig, wenn man das Auge nur auf einen einzigen Gegenstand heftet, ich sehe nur auf Dich. Halte Dich fest; wenn die Welt verginge; wenn

unser leichter Wagen unter uns verschwände, wir hielten einander dennoch umschlungen, schwebend in sphärischer Harmonie.

Dein Johannes

Das ist fast zuviel. Mein Diener hat sechs Stunden gewartet, ich selbst zwei Stunden in Regen und Wind, nur um das liebe Kind Charlotte Hahn abzupassen. Sie hat eine alte Tante, die sie jeden Mittwoch zwischen zwei und fünf Uhr zu besuchen pflegt. Sollte sie ausgerechnet heute nicht kommen, da ich es mir so sehr wünschte, sie zu treffen. Und weshalb? Weil sie mich in eine ganz bestimmte Stimmung versetzt. Ich grüße sie, sie verneigt sich auf eine unbeschreiblich irdische und doch so himmlische Weise; sie bleibt beinahe stehen, es ist, als wollte sie in die Erde versinken, und doch hat sie einen Blick, als wollte sie sich in den Himmel erheben. Wenn ich sie ansehe, wird mein Sinn feierlich, aber auch begehrend. Im übrigen beschäftigt mich das Mädchen überhaupt nicht, nur diesen Gruß verlange ich, nicht mehr, selbst wenn sie es geben würde. Ihr Gruß bringt mich in Stimmung, und die Stimmung verschwende ich wiederum an Cordelia. – Und doch wette ich, daß sie auf die eine oder andere Weise an uns vorbeigeschlüpft ist. Nicht nur in Komödien, auch in der Wirklichkeit ist es schwierig, ein junges Mädchen abzupassen; man muß seine Augen überall haben. Es gab eine Nymphe, Cardea, die sich damit abgab, die Männer zum Narren zu halten. Sie hielt sich in den Wäldern auf, lockte ihre Liebhaber in das dichteste

Dickicht und verschwand. Auch Janus wollte sie narren, aber er narrte sie; denn er war doppelgesichtig.

Meine Briefe verfehlen nicht ihren Zweck. Sie entwickeln sie seelisch, wenn nicht gar erotisch. Dafür kann man keine Briefe verschwenden, nur Billette. Je mehr das Erotische hervorkommt, desto kürzer werden sie, aber um so sicherer erfassen sie den erotischen Punkt. Um sie aber nicht sentimental oder weich zu machen, stärkt Ironie wieder die Gefühle, macht sie aber zugleich begehrlich nach der Nahrung, die ihr die liebste ist. Die Billette lassen entfernt und unbestimmt das Höchste ahnen. In dem Augenblick, in dem diese Ahnung in ihrer Seele zu dämmern beginnt, wird das Verhältnis abgebrochen. Unter meinem Widerstand nimmt die Ahnung Gestalt an in ihrer Seele, so, als wäre es ihr eigener Gedanke, der Trieb ihres eigenen Herzens. Nur das will ich.

Meine Cordelia!
Hier in der Stadt wohnt eine kleine Familie, eine Witwe mit drei Töchtern. Zwei von ihnen gehen in die Hofküche zum Kochenlernen. Es war an einem Nachmittag im Frühsommer, etwa gegen fünf Uhr. Die Türe zum Wohnzimmer öffnet sich leise, ein spähender Blick geht durch das Zimmer. Niemand ist da außer einem jungen Mädchen, das am Klavier sitzt. Die Tür wird angelehnt, so daß man unbemerkt zuhören kann. Es ist keine Künstlerin, die spielt, sonst wäre die Tür

wohl zugemacht worden. Sie spielt eine schwedische Melodie; sie handelt von der kurzen Dauer von Jugend und Schönheit. Die Worte spotten der Jugend und Schönheit des Mädchens. Wer hat recht: das Mädchen oder die Worte? Die Töne klingen so still, so melancholisch, als sei Wehmut der Schiedsrichter, der den Streit entscheidet. – Aber diese Wehmut hat unrecht! Welche Gemeinschaft gibt es zwischen Jugend und diesen Betrachtungen! Welche Gemeinschaft zwischen Morgen und Abend! Die Tasten zittern und beben; die Geister des Resonanzbodens erheben sich in Verwirrung und verstehen einander nicht – meine Cordelia, warum so heftig! Wozu diese Leidenschaft!

Wie lange muß eine Begebenheit zurückliegen, damit wir uns an sie erinnern; wie lange, damit die Sehnsucht der Erinnerung sie nicht mehr greifen kann? Die meisten Menschen haben in dieser Beziehung eine Grenze; an das, was zeitlich zu nahe liegt, können sie sich nicht erinnern, an das, was zu weit zurückliegt, ebenfalls nicht. Ich kenne keine Grenze. Was ich gestern erlebt habe, das schiebe ich tausend Jahre in der Zeit zurück, und ich erinnere mich daran, als sei es gestern gewesen.

Dein Johannes

Meine Cordelia!
Ein Geheimnis habe ich Dir, meiner Vertrauten, anzuvertrauen. Wem sollte ich es anvertrauen? Dem Echo? Es würde es verraten. Den Sternen? Sie sind kalt. Den Menschen? Sie verstehen es nicht. Nur Dir wage ich es

anzuvertrauen; denn Du weißt es zu bewahren. Es gibt ein Mädchen, schöner als der Traum meiner Seele, reiner als das Licht der Sonne, tiefer als der Ursprung des Meeres, stolzer als des Adlers Flug – es gibt ein Mädchen – O! neige Dein Haupt meinem Ohr zu und meiner Rede, auf daß mein Geheimnis sich darin einschleichen kann – dieses Mädchen liebe ich mehr als mein Leben, denn sie ist mein Leben; mehr als alle meine Wünsche, denn sie ist mein einziger; heißer als die Sonne die Blumen; inniger als das Leid die Verborgenheit des bekümmerten Gemüts; sehnsuchtsvoller als der brennende Sand der Wüste den Regen liebt – an ihr hänge ich zärtlicher als das Auge der Mutter an ihrem Kind; vertrauensvoller als des Beters Seele an Gott; untrennbarer als die Pflanze an ihrer Wurzel. – Dein Haupt wird schwer und gedankenvoll, es sinkt nieder auf die Brust, der Busen hebt sich, um ihm zu Hilfe zu kommen – meine Cordelia! Du hast mich verstanden, Du hast mich genau verstanden, buchstäblich, nicht das Geringste hast Du überhört! Soll ich die Saiten meines Ohres spannen und mich durch Deine Stimme davon vergewissern lassen? Sollte ich zweifeln können? Wirst Du dieses Geheimnis bewahren; kann ich mich auf Dich verlassen? Man erzählt von Menschen, die sich furchtbare Verbrechen zur gegenseitigen Verschwiegenheit anvertrauten. Dir habe ich ein Geheimnis anvertraut, das mein Leben ist und meines Lebens Inhalt, hast Du mir nichts anzuvertrauen, das so bedeutungsvoll ist, so schön, so keusch, daß sich übernatürliche Kräfte regten, wenn es verraten würde?

Dein Johannes

Meine Cordelia!

Der Himmel ist bedeckt – dunkle Regenschauer durchfurchen wie schwarze Augenbrauen sein leidenschaftliches Gesicht, die Bäume des Waldes bewegen sich, von unruhigen Träumen hin und her geworfen. Du bist mir im Wald verloren gegangen. Hinter jedem Baum sehe ich eine weibliche Gestalt, die Dir gleicht, trete ich näher, so versteckt sie sich hinter dem nächsten Baum. Willst Du Dich mir nicht zeigen, Dich nicht sammeln? Alles verwirrt sich für mich: die einzelnen Teile des Waldes verlieren ihre isolierten Umrisse, ich sehe alles wie ein Nebelmeer, in dem es überall weibliche Gestalten gibt, die Dir gleichen, sich zeigen und wieder verschwinden. Dich sehe ich nicht, Du bewegst Dich beständig in der Woge der Anschauung, und doch bin ich schon glücklich über jede einzelne, die Dir gleicht. Woran liegt es – ist es die reiche Einheit Deines Wesens oder die arme Mannigfaltigkeit meines Wesens? – Bedeutet Dich zu lieben nicht, eine Welt zu lieben?

Dein Johannes

Wenn es möglich wäre, könnte es mich schon interessieren, die Gespräche, die ich mit Cordelia führe, ganz genau wiederzugeben. Ich sehe jedoch sehr leicht ein, daß das eine Unmöglichkeit ist; denn wenn es mir auch glückt, mich an jedes Wort zu erinnern, das zwischen uns gewechselt worden ist, so verbietet es sich doch von selbst, das Gleichzeitige wiederzugeben, das der eigentliche Nerv des Gesprächs ist, das Überraschende im Ausdruck, das Leidenschaftliche, die das Lebensprinzip in der Unterhaltung sind. Im allgemeinen bin ich natürlich nicht vorbereitet, was ja auch dem eigentlichen Wesen der Unterhaltung, insbesondere der erotischen Unterhaltung entgegenstünde. Nur den Inhalt meiner Briefe habe ich stets *in mente*, die durch diesen bei ihr vielleicht hervorgerufene Stimmung ständig vor Augen. Es würde mir natürlich nie einfallen, sie zu fragen, ob sie meinen Brief gelesen habe. Daß sie ihn gelesen hat, dessen kann ich mich leicht vergewissern. Ich spreche nie direkt mit ihr darüber, aber ich unterhalte eine geheimnisvolle Kommunikation damit in meinen Gesprächen, teils, um den einen oder anderen Eindruck tiefer in ihrer Seele zu festigen, teils um ihn ihr zu entreißen und sie ratlos zu machen. Sie kann dann den Brief wieder lesen und einen neuen Eindruck daraus gewinnen, und so fort.

Eine Veränderung ist vorgegangen und geht mit ihr vor. Sollte ich in diesem Augenblick den Zustand ihrer Seele beschreiben, so würde ich ihn mit pantheistischer Keckheit bezeichnen. Ihr Blick verrät es sofort. Er ist kühn, fast tollkühn in der Erwartung, so als ob er jeden Augenblick das Außerordentliche fordere und vorbereitet sei, es zu sehen. Gleich einem Auge, das über sich selbst hinaus sieht, so sieht dieser Blick über das hinaus, was sich unmittelbar vor ihm zeigt und sieht das Wunderbare. Das ist kühn, nahe tollkühn in der Erwartung, nicht aber im Vertrauen auf sich selbst, er hat deshalb etwas Träumendes und Flehendes, nichts Stolzes und Befehlendes. Sie sucht das Wunderbare außerhalb ihrer selbst, sie will flehen, daß es sich zeigt, als stünde es nicht in ihrer eigenen Macht, es hervorzurufen. Das muß verhindert werden, sonst bekomme ich vorzeitig das Übergewicht bei ihr. Gestern sagte sie zu mir, daß etwas Königliches in meinem Wesen liege. Vielleicht will sie sich beugen, das geht aber keinesfalls. Gewiß, liebe Cordelia, ist etwas Königliches in meinem Wesen, aber Du ahnst nicht, was für ein Reich es ist, über das ich herrsche. Es sind die Stürme der Stimmungen. Wie Aeolus halte ich sie eingeschlossen im Berg meiner Persönlichkeit und lasse bald den einen, bald den anderen losstürmen. Die Schmeichelei wird ihr Selbstgefühl geben, der Unterschied zwischen Mein und Dein macht sich geltend, alles wird auf ihre Seite gelegt. Zum Schmeicheln gehört große Vorsicht. Zuweilen muß man sich selbst erhöhen, jedoch so, daß ein noch höherer Platz bleibt, zuweilen muß man sich selbst erniedrigen. Das erste ist das Richtigste, wenn man sich auf das Geistige zu bewegt, das zweite ist das Richtigste, wenn man sich auf das Erotische hin bewegt. Schuldet sie mir etwas? Keineswegs. Könnte ich es mir wünschen? Keineswegs. Ich bin zu sehr Kenner, habe zuviel Verstand für das Erotische für eine solche Torheit. Wäre es wirklich der Fall, so würde ich mit all meiner Macht bestrebt sein, sie es vergessen zu lassen und meine eigenen Gedanken darüber in Schlummer zu versenken. Jedes junge Mädchen ist im Hinblick auf das Labyrinth ihres Herzens eine Ariadne, sie besitzt den Faden, mit dem man den Weg hindurch finden kann, aber sie besitzt ihn so, daß sie selbst ihn nicht zu gebrauchen versteht.

Meine Cordelia!

Sprich – ich gehorche, Dein Wunsch ist Befehl. Deine Bitte eine allmächtige Beschwörung, jeder Deiner flüchtigsten Wünsche ist eine Wohltat für mich; denn ich gehorche Dir nicht wie ein dienstbarer Geist, als stünde ich außerhalb von Dir. Indem Du gebietest, geschieht Dein Wille, und ich mit ihm; denn ich bin die Verwirrung einer Seele, die nur auf ein Wort von Dir wartet.

Dein Johannes

Meine Cordelia!

Du weißt, daß ich gerne mit mir selbst rede. Ich habe in mir selbst die interessanteste Person in meiner Bekanntschaft gefunden. Zuweilen habe ich befürchtet, daß mir der Stoff ausgeht für diese Gespräche; jetzt bin ich ohne Furcht, jetzt habe ich Dich. Ich spreche jetzt und in alle Ewigkeit über Dich mit mir, über den interessantesten Gegenstand mit dem interessantesten Menschen – ach, denn ich bin nur ein interessanter Mensch, Du der interessanteste Gegenstand.

Dein Johannes

Meine Cordelia!

Dir scheint, es ist erst so kurze Zeit, daß ich Dich liebe, Du scheinst fast zu fürchten, daß ich vorher schon geliebt haben könnte. Es gibt Handschriften, in denen das glückliche Auge sofort eine ältere Schrift ahnt, die im Laufe der Zeit von unbedeutenden Torheiten verdrängt worden ist. Mit ätzenden Mitteln wird die spätere Schrift ausgelöscht und jetzt steht die älteste deutlich und klar da. So hat Dein Auge mich gelehrt, in mir selbst mich selbst zu finden, ich lasse die Vergessenheit alles verzehren, was nicht von Dir handelt, und da entdecke ich eine uralte, eine göttlich junge Urschrift, da entdecke ich, daß meine Liebe zu Dir so alt wie ich selbst ist.

Dein Johannes

Meine Cordelia!
Wie kann ein Reich bestehen, das im Streit mit sich selbst liegt; wie soll ich bestehen können, da ich mit mir selbst im Streit bin? Worüber? Über Dich, um wenn möglich in dem Gedanken Ruhe zu finden, daß ich in Dich verliebt bin. Aber wie soll ich diese Ruhe finden? Die eine der streitenden Mächte will beständig die andere davon überzeugen, daß sie doch am tiefsten und innigsten verliebt ist; im nächsten Augenblick will die andere das. Das würde mich nicht kümmern, wenn der Streit außerhalb von mir selbst stattfände, wenn es jemand gäbe, der wagte, in Dich verliebt zu sein, oder wagte, es nicht zu sein, das Verbrechen ist gleich groß; aber dieser Streit in mir selbst verzehrt mich, diese eine Leidenschaft in ihrer Duplizität.

Dein Johannes

Verschwinde nur, mein kleines Fischermädchen; verbirg dich nur zwischen den Bäumen; nimm nur deine

Bürde auf, es steht dir gut, dich zu bücken, ja selbst in diesem Augenblick geschieht es mit natürlicher Grazie, wie du dich unter der Last des Reisigholzes beugst, das du gesammelt hast – daß ein solches Geschöpf solche Lasten tragen muß! Wie eine Tänzerin verrätst du die Schönheit der Formen – schmal in der Taille, breit in der Brust, von schwellendem Wuchs, das muß ein jeder Rekrutierungschef zugeben. Du glaubst vielleicht, daß das ohne Bedeutung ist, du meinst, daß die vornehmen Damen weit schöner sind, ach mein Kind! Du weißt nicht, wieviel Falschheit es in der Welt gibt. Tritt nur deine Wanderung mit deiner Bürde an, hinein in den ungeheuren Wald, der sich vermutlich viele, viele Meilen weit ins Land erstreckt, bis an die Grenze der blauen Berge. Vielleicht bist du gar kein echtes Fischermädchen, sondern eine verzauberte Prinzessin; du dienst einem Kobold; er ist grausam genug, dich im Wald Brennholz suchen zu lassen. So geschieht es immer in Abenteuern. Weshalb sonst gehst du tiefer in den Wald hinein; bist du wirklich ein Fischermädchen, dann mußt du doch mit deinem Brennholz hinunter in den Weiler an mir vorbei, wo ich auf der anderen Seite des Weges stehe. – Folge nur dem Pfad, der sich spielerisch zwischen den Bäumen hindurch schlängelt, mein Auge findet dich; sieh dich nur nach mir um, mein Auge folgt dir; in Bewegung setzen kannst du mich nicht, die Sehnsucht reißt mich nicht hin, ich sitze ruhig auf dem Geländer und rauche meine Zigarre. – Ein andermal – vielleicht. – Ja, dein Blick ist schelmisch, wenn du so den Kopf halb zurückwendest; dein leichter Gang ist verlockend – ich weiß es, ich begreife, wohin dieser Weg führt – in des Waldes Einsamkeit, zu dem Rauschen der Bäume, in die mannigfaltige Stille. Sieh, selbst der Himmel begünstigt dich, er verbirgt sich hinter Wolken, er verdunkelt des Waldes Hintergrund, als zöge er für uns die Vorhänge zu. – Lebwohl, mein schmuckes Fischermädchen, alles Gute, hab' Dank für deine Gunst, es war ein schöner Augenblick, eine Stimmung, nicht stark genug, mich von meinem festen Platz auf dem Geländer fortzubewegen, aber doch reich an innerer Bewegung.

Da Jakob mit Laban um den Lohn für seine Dienste gefeilscht hatte, als sie sich darüber geeinigt hatten, daß Jakob die weißen Schafe hüten sollte und ihm als Lohn für seine Arbeit alle gescheckten gehören sollten, die in seiner Herde geboren würden, da legte er Stecken in die Tränkrinnen und ließ die Schafe darauf blicken – so zeige ich mich selbst überall vor Cordelia, ihr Auge sieht mich beständig. Ihr kommt es wie lauter Aufmerksamkeit von meiner Seite vor; von meiner Seite hingegen weiß ich, daß ihre Seele dadurch das Interesse für alles andere verliert, daß sich in ihr ein geistiges Verlangen entwickelt, das überall mich sieht.

Meine Cordelia!
Wie könnte ich Dich vergessen! Ist meine Liebe denn ein Werk des Gedächtnisses? Selbst wenn die Zeit alles von ihren Tafeln löschte, wenn selbst die Erinnerung

ausgelöscht würde, mein Verhältnis zu Dir bliebe gleich lebendig. Du würdest nicht vergessen. Wie könnte ich Dich vergessen! Woran sollte ich mich dann erinnern? Mich selbst habe ich ja vergessen, um mich an Dich zu erinnern; wenn ich Dich dann vergessen würde, müßte ich mich ja an mich erinnern, aber in dem Augenblick, in dem ich mich an mich selbst erinnerte, müßte ich mich ja wieder an Dich erinnern. Wie könnte ich Dich vergessen! Was würde dann geschehen? Es gibt ein Bild aus der Antike. Es stellt Ariadne dar. Sie springt vom Lager auf und sieht ängstlich einem Schiff nach, das mit vollen Segeln fort eilt. Neben ihr steht Amor mit einem Bogen ohne Sehne und trocknet sich die Augen. Hinter ihr steht eine weibliche Gestalt mit Flügeln und mit einem Helm auf dem Haupt. Für gewöhnlich nimmt man an, daß diese Figur Nemesis ist. Stell Dir dieses Bild vor, stelle es Dir etwas verändert vor. Amor weint nicht und sein Bogen ist nicht ohne Sehne; oder wärst Du da weniger schön, weniger siegreich geworden, weil ich wahnsinnig geworden wäre? Amor lächelt und spannt den Bogen. Nemesis steht nicht untätig an Deiner Seite, auch sie spannt den Bogen. Auf diesem Bild sieht man auf dem Schiff eine männliche Gestalt, die mit Arbeit beschäftigt ist. Man nimmt an, es ist Theseus. Nicht so auf meinem Bild. Er steht am Heck, er blickt sehnsuchtsvoll zurück, er breitet die Arme aus, er hat bereut, oder richtiger, sein Wahnsinn hat ihn verlassen, aber das Schiff führt ihn fort. Amor und Nemesis zielten beide, ein Pfeil fliegt von jedem Bogen, sie treffen sicher, das sieht man, man versteht, sie treffen beide eine Stelle in seinem Herzen als Zeichen dafür, daß seine Liebe die Nemesis war, die Rächende.

Dein Johannes

Meine Cordelia!

Ich sei in mich selbst verliebt, sagt man von mir. Das wundert mich nicht; denn wie sollte man erkennen können, daß ich lieben kann, da ich nur Dich liebe, wie könnte jemand anderes es ahnen, da ich nur Dich liebe. Ich sei in mich selbst verliebt, weshalb? Weil ich in Dich verliebt bin; denn Dich liebe ich, Dich allein und alles, was Dir in Wahrheit gehört, und so liebe ich mich selbst, weil dieses mein Ich Dir gehört, so daß, wenn ich aufhörte, Dich zu lieben, ich aufhörte, mich selbst zu lieben. Was in den profanen Augen der Welt Ausdruck für den größten Egoismus ist, das ist für Dein eingeweihtes Auge Ausdruck reinster Sympathie, was in den profanen Augen der Welt Ausdruck für die prosaischste Selbsterhaltung ist, das ist für Dein geheiligtes Antlitz Ausdruck der begeistertsten Vernichtung meiner selbst.

Dein Johannes

Ich befürchtete am meisten, daß die ganze Entwicklung mir zuviel Zeit nehmen würde. Inzwischen sehe ich, daß Cordelia große Fortschritte macht, ja, daß es notwendig wird, alles in Bewegung zu setzen, um sie richtig in Atem zu halten. Sie darf um alles in der Welt nicht vorzeitig matt werden, das heißt vor der Zeit, zu der ihre Zeit vorbei ist.

Wenn man liebt, folgt man nicht der Landstraße. Nur die Ehe liegt mitten auf der Heerstraße. Wenn man liebt und von Nöddebo aus spazieren geht, da geht man nicht am Esrom See entlang, obgleich das doch eigentlich nur ein Jagdweg ist; aber er ist gebahnt, und die Liebe bahnt sich am liebsten ihre Wege. Man dringt tiefer in den Gribs-Wald ein. Und wenn man dann so Arm in Arm spaziert, dann versteht man einander, da klärt sich, was vorher dunkel vergnügte und schmerzte. Man ahnt nicht, daß jemand zugegen ist. – Also diese herrliche Buche wurde Zeuge einer Liebe; unter ihrer Krone erklärtet ihr euch das erste Mal. An alles erinnert ihr euch so deutlich, als ihr euch zum erstenmal saht, als ihr euch das erste Mal beim Tanz die Hände reichtet, als ihr euch gegen Morgen trenntet, als ihr euch selbst und auch einander nichts gestehen wolltet. – Es ist doch recht schön, diesen Repetitorien der Liebenden zuzuhören. – Sie fielen unter dem Baum auf die Knie, sie schworen einander unverbrüchliche Liebe, sie besiegelten den Pakt mit dem ersten Kuß. – Das sind fruchtbare Stimmungen, die man an Cordelia verschwenden muß. – Diese Buche wurde also Zeuge. Oh doch, ein Baum ist ein recht geeigneter Zeuge; aber das ist doch zu wenig. Ihr meint zwar, auch der Himmel sei Zeuge gewesen, aber der Himmel so schlechthin ist eine sehr abstrakte Idee. Seht, es gab doch noch einen Zeugen. – Sollte ich mich aufrichten, sie merken lassen, daß ich da bin? Nein, vielleicht kennt man mich, und dann ist das Spiel verloren. Sollte ich mich aufrichten, während sie sich entfernen, sie erkennen lassen, daß jemand zugegen war? Nein, das ist nicht zweckmäßig. Es soll Schweigen über ihr Geheimnis herrschen – solange ich es will. Es liegt in meiner Macht, ich kann sie trennen, wann ich will. Ich bin Zeuge ihres Geheimnisses; nur von ihm oder von ihr kann ich es erfahren haben – von ihr selbst, das ist unmöglich – also von ihm – das ist abscheulich – bravo! Und doch, das ist ja beinahe Bosheit. Nun gut, ich werde sehen. Wenn ich einen bestimmten Eindruck von ihr bekommen kann, den ich sonst auf normale Weise, wie ich es wünsche, nicht bekommen kann, dann gibt es nichts anderes.

Meine Cordelia!
Arm bin ich – Du bist mein Reichtum; dunkel – Du bist mein Licht; ich besitze nichts, benötige nichts. Und wie sollte ich auch etwas besitzen, das ist ja ein Widerspruch, daß der etwas besitzen kann, der sich selbst nicht besitzt. Ich bin glücklich wie ein Kind, das nichts besitzen kann und nichts besitzen darf. Ich besitze nichts; denn ich gehöre nur Dir; ich bin nicht, ich habe aufgehört zu sein, um Dein zu sein.
Dein Johannes

Meine Cordelia!
Mein, was will dieses Wort besagen? Nicht, was mir gehört, sondern wem ich gehöre, was mein ganzes Wesen enthält, das soweit mein ist, soweit ich ihm gehöre. Mein Gott ist ja nicht der Gott der mir gehört, sondern der Gott, dem ich gehöre, und so auch, wenn ich sage, mein Vaterland, mein Heim, mein Beruf,

meine Sehnsucht, meine Hoffnung. Hätte es nicht schon zuvor Unsterblichkeit gegeben, so würde dieser Gedanke, daß ich Dein bin, den natürlichen Gang der Natur durchbrechen.

Dein Johannes

Meine Cordelia!
Was bin ich? Der bescheidene Erzähler, der Deinen Triumphen folgt; der Tänzer, der sich vor Dir verbeugt, indes Du Dich mit anmutiger Leichtigkeit erhebst; der Zweig, auf dem Du Dich einen Augenblick lang ausruhst, wenn Du vom Fluge müde bist; die Baßstimme, die sich einschiebt unter die Schwärmerei des Soprans, um ihn noch höher steigen zu lassen – was bin ich? Ich bin die irdische Schwere, die Dich an die Erde fesselt. Was bin ich da? Körper, Masse, Erde, Staub und Asche – Du, meine Cordelia, Du bist Seele und Geist.

Dein Johannes

Meine Cordelia!
Liebe ist alles, aus diesem Grund hat für den, der liebt, alles seine Bedeutung verloren und hat nur Bedeutung in der Auslegung, welche die Liebe ihm gibt. Wenn also einem anderen Verlobten nachgewiesen würde, daß es noch ein anderes Mädchen gibt, um das er sich kümmert, so würde er vermutlich wie ein Verbrecher dastehen und sie wäre empört. Du hingegen, das weiß ich, Du würdest in einem derartigen Geständnis eine

Huldigung sehen; denn daß ich eine andere lieben könnte, das ist, Du weißt es, eine Unmöglichkeit, meine Liebe zu Dir ist es, die einen Abglanz auf das ganze Leben wirft. Wenn ich mich da um eine andere kümmerte, so nicht, um mir zu beweisen, daß ich sie nicht liebe, sondern nur Dich – das wäre vermessen; – aber da meine ganze Seele voll ist von Dir, bekommt das Leben eine andere Bedeutung für mich, es wird zur Mythe über Dich.

Dein Johannes

Meine Cordelia!

Meine Liebe verzehrt mich, nur meine Stimme blieb mir, eine Stimme, die sich in Dich verliebt hat, Dir überall zuflüstert, daß ich Dich liebe. Oh, ermüdet es Dich, diese Stimme zu hören? Überall umgibt sie Dich; wie eine mannigfache, unstete Umfassung lege ich meine durchreflektierte Seele um Dein reines, tiefes Wesen.

Dein Johannes

Meine Cordelia!

In einer alten Erzählung liest man, daß ein Fluß sich in ein Mädchen verliebte. So ist meine Seele, wie ein Fluß, der Dich liebt. Bald ist er still und läßt Dein Bild sich tief und unbewegt darin spiegeln, bald bildet er sich ein, Dein Bild gefangen zu haben, dann wogen seine Wellen, um Dich daran zu hindern, wieder zu entschlüpfen; bald kräuselt sich sachte seine Oberfläche und spielt mit Deinem Bild, zuweilen verliert er es, dann werden seine Wellen schwarz und verzweifeln. – So ist meine Seele: wie ein Fluß, der sich in Dich verliebt hat.

Dein Johannes

Offen gestanden, ohne eine ungewöhnlich lebendige Einbildungskraft zu besitzen, könnte man sich wohl eine bequemere, gemächlichere und standesgemäßere Beförderung denken; mit einem Torfbauer zu fahren, das erregt nur in uneigentlichem Sinn Aufsehen. – Im Notfall nimmt man indes damit vorlieb. Man geht ein Stück auf der Landstraße; man steigt auf, man fährt eine Meile, man trifft niemanden; zwei Meilen, alles geht gut, man fühlt sich ruhig und sicher; die Gegend macht sich von diesem Standpunkt aus wirklich besser als gewöhnlich, man hat fast drei Meilen geschafft – wer hätte erwartet, soweit hier draußen auf der Landstraße einem Kopenhagener zu begegnen? Und es ist ein Kopenhagener, das erkennen Sie gleich, das ist keiner vom Land; er hat eine ganz eigene Art zu gucken, so bestimmt, so beobachtend, so taxierend, und so ein wenig spöttisch. Ja, mein liebes Mädchen, deine Stellung ist keineswegs bequem, du sitzt ja wie auf dem Präsentierteller, der Wagen ist so niedrig, daß er keine Vertiefung für die Füße hat. – Aber das ist doch Ihre eigene Schuld, mein Wagen steht ganz zu Ihrer Verfügung, ich erlaube mir, Ihnen einen weniger genierenden Platz anzubieten, falls es Sie nicht geniert, an meiner Seite zu sitzen. In dem Fall überlasse ich

Ihnen den Wagen allein und setze mich selbst auf den Bock, froh darüber, Sie zu Ihrem Bestimmungsort fahren zu dürfen. – Der Strohhut schützt nicht hinreichend vor einem Seitenblick; es ist vergeblich, daß Sie Ihren Kopf senken, ich bewundere dennoch das schöne Profil. – Ist das nicht ärgerlich, der Bauer grüßt mich? Aber das ist doch in Ordnung, daß ein Bauer einen vornehmen Herrn grüßt. – Damit kommen Sie nicht davon, hier ist ja ein Gasthaus, eine Station, und ein Torfbauer ist auf seine Weise allzu gottesfürchtig, als daß er nicht beten würde. Jetzt werde ich mich seiner annehmen. Ich habe eine ungewöhnliche Gabe, Eindruck auf Torfbauern zu machen. Oh, möchte es mir glücken, auch Ihnen zu gefallen. Er kann meinem Angebot nicht widerstehen, und wenn er es angenommen hat, dann kann er dessen Wirkung nicht widerstehen. Kann ich es nicht, so kann es mein Diener. – Er geht jetzt in den Schankraum. Sie bleiben allein auf dem Wagen im Schuppen. – Gott weiß, was es für ein Mädchen sein mag? Sollte es ein bürgerliches Mädchen sein, vielleicht die Tochter eines Küsters? Sollte das der Fall sein, dann ist sie für eines Küsters Tochter außergewöhnlich schmuck und außergewöhnlich geschmackvoll gekleidet. Dein Küster muß ein gutes Einkommen haben. Da fällt mir etwas ein, sollte es vielleicht ein kleines Vollblutfräulein sein, das es leid ist, in einer Equipage zu fahren, das vielleicht einen Spaziergang hinaus zum Landhaus macht und sich jetzt gleichzeitig in einem kleinen Abenteuer versuchen will? Schon möglich, dergleichen wurde gehört. – Der Bauer weiß gar nichts, er ist ein Gimpel, der nur zu trinken versteht. Ja, ja, trink du nur, du Gimpel, es ist dir gegönnt. – Aber was sehe ich, das ist niemand anderes als Jungfer Jespersen, Hansine Jespersen, eine Tochter des Kolonialwarenhändlers. Gott bewahre, wir beide kennen einander. Sie war es, der ich einmal in der Bredgade begegnete, sie saß auf dem Rücksitz, sie konnte das Fenster nicht aufbekommen; ich setzte meine Brille auf und hatte nun das Vergnügen, ihr mit den Augen zu folgen. Es war eine recht genierende Stellung, es waren so viele im Wagen, daß sie sich nicht bewegen konnte, und sich bemerkbar zu machen, das wagte sie vermutlich nicht. Die gegenwärtige Situation ist ebenso genierend. Wir zwei sind für einander bestimmt, das ist klar. Es muß ein romantisches kleines Mädchen sein; sie ist gewiß auf eigene Faust unterwegs. – Da kommt mein Diener mit dem Torfbauer. Er ist total betrunken. Es ist abscheulich, ein verdorbenes Volk sind diese Torfbauern. – Sehen Sie, jetzt sind Sie in etwas hineingeraten. Jetzt sind sie genötigt, selbst zu kutschieren, das ist ganz romantisch. – Sie lehnen mein Angebot ab, Sie bestehen darauf, daß Sie sehr gut kutschieren. Sie täuschen mich nicht; ich merke wohl, wie hinterlistig Sie sind. Wenn Sie ein kleines Stück auf dem Weg gefahren sind, springen Sie ab, man findet leicht ein Versteck im Wald. – Man sattle mein Pferd; ich folge zu Pferde. – Sehen Sie, jetzt bin ich bereit, jetzt können Sie vor jedem Überfall sicher sein. – Haben Sie doch nicht so schreckliche Angst, sonst kehre ich sofort um. Ich wollte Sie nur ein wenig bange machen und Ihnen Gelegenheit geben, daß Ihre natürliche Schönheit sich verstärke. Sie wissen ja nichts davon, daß ich veranlaßte, daß der Bauer sich betrinkt, und ich habe mir doch nicht ein beleidigendes Wort Ihnen gegenüber erlaubt. Noch kann alles gut werden; ich werde der Sache eine solche Wendung geben, daß Sie über die ganze Geschichte lachen können. Ich wünsche mir nur ein kleines Guthaben bei Ihnen; denken Sie nie, daß ich ein Mädchen überrumpele. Ich bin ein Freund der Freiheit, und was ich nicht freiwillig bekomme, daraus mache ich mir nichts. – »Sie werden wohl selbst einsehen, daß es nicht angeht, daß Sie die Reise auf diese Weise fortsetzen. Ich selbst will auf die Jagd, deshalb bin ich zu Pferd. Mein Wagen hingegen steht angespannt beim Gasthaus. Wenn Sie es befehlen, wird er augenblicklich kommen und Sie da hinbringen, wohin Sie es möchten. Ich selbst kann bedauerlicherweise nicht das Vergnügen haben, Sie zu begleiten, ich bin durch ein Jagdversprechen gebunden, und das ist heilig.« Sie nehmen an – alles wird augenblicklich in Ordnung sein – sehen Sie, nun brauchen Sie überhaupt nicht verlegen zu sein, wenn Sie mich wiedersehen, in jedem Fall nicht verlegener als es Sie kleidet. Sie können sich über die ganze Geschichte vergnügen, etwas lachen und dabei etwas an mich denken. Mehr verlange ich nicht. Es mag wenig erscheinen; mir genügt das. Es ist der Anfang, und in den Anfangsgründen bin ich besonders stark.

Gestern abend gab es eine kleine Gesellschaft bei der Tante. Ich wußte, daß Cordelia ihr Strickzeug hervorholen würde. Ich hatte ein kleines Billett darin versteckt. Sie ließ es fallen, hob es auf, war bewegt, sehnsuchtsvoll. So muß man immer die Gelegenheit nutzen. Es ist unglaublich, wieviel Vorteile man dabei erlangen kann. Ein an und für sich unbedeutendes Billett unter solchen Umständen gelesen, erhält für sie eine unendliche Bedeutung. Mit mir konnte sie nicht sprechen; ich hatte es so eingerichtet, daß ich eine Dame nach Hause begleiten mußte. Sie mußte also bis heute warten. Es ist stets gut so, damit der Eindruck um so stärker in ihre Seele eindringt, stets sieht es so aus, daß ich es bin, der ihr eine Aufmerksamkeit erweist; mein Vorteil liegt darin, daß ich überall in ihren Gedanken auftauche, sie überall überrasche.

Die Liebe hat doch eine eigene Dialektik. Es gab ein junges Mädchen, in das ich einmal verliebt war. Vergangenen Sommer sah ich in Dresden im Theater eine Schauspielerin, die ihr täuschend ähnlich war. Aus dem Grund wünschte ich mir, ihre Bekanntschaft zu machen, was mir auch glückte, und ich überzeugte mich davon, daß die Unähnlichkeit doch beträchtlich groß war. Heute traf ich eine Dame auf der Straße, die mich an jene Schauspielerin erinnerte. Diese Geschichte kann beliebig lang weiter fortgeführt werden.

Überall umgeben meine Gedanken Cordelia, ich lasse sie wie Engel sie umgeben. So wie Venus in ihrem Wagen von Tauben gezogen wurde, so sitzt sie in ihrem Triumphwagen, und ich spanne meine Gedanken als beschwingte Wesen davor. Sie selbst sitzt da, fröhlich, reich wie ein Kind, allmächtig wie eine Göttin, ich gehe an ihrer Seite. Wahrhaftig, ein junges Mädchen ist und bleibt doch der Natur und des ganzen Daseins *venerabile*! Das weiß keiner besser als ich. Nur schade, daß diese Herrlichkeit so kurz währt. Sie lächelt mir zu, sie grüßt mich, sie winkt mir, als sei sie meine Schwester. Ein Blick erinnert sie daran, daß sie meine Geliebte ist.

Die Liebe kennt viele Positionen. Cordelia macht gute Fortschritte. Sie sitzt auf meinem Schoß, ihr Arm schlingt sich warm und weich um meinen Hals; sie selbst ruht an meiner Brust, leicht, ohne körperliche Schwere; die weichen Formen berühren mich kaum; wie eine Blume rankt sich ihre anmutige Gestalt um mich, leicht wie eine Schleife. Ihr Auge verbirgt sich hinter ihrem Lid, ihr Busen ist blendend weiß wie Schnee, so glatt, daß mein Auge nicht darauf verweilen kann, es würde abgleiten, wenn der Busen sich nicht bewegte. Was bedeutet diese Bewegung? Ist es Liebe? Vielleicht. Es ist die Ahnung davon, ihr Träumen. Noch mangelt es an Energie. Sie umarmt mich locker, wie die Wolke den Verklärten, leicht wie ein Hauch, zart wie man eine Blume umfaßt; sie küßt mich, vage wie der Himmel das Meer küßt, mild und still wie der Tau die Blumen küßt, feierlich wie das Meer des Mondes Bild küßt.

Ihre Leidenschaft würde ich im jetzigen Augenblick als naiv bezeichnen. Wenn die Wendung eingetreten ist und ich mich ernstlich zurückzuziehen beginne, dann wird sie alles aufbieten, um mich wirklich zu fesseln. Sie hat dafür keine anderen Mittel als nur das Erotische, nur daß sich das jetzt nach einem ganz anderen Maßstab zeigen wird. Es ist dann eine Waffe in ihrer Hand, die sie gegen mich erhebt. Ich habe dann die reflektierte Leidenschaft. Sie kämpft für sich selbst, denn sie weiß, daß ich das Erotische besitze; sie kämpft für sich selbst, um mich zu überwinden. Sie selbst drängt zu einer höheren Form des Erotischen. Was ich sie zu ahnen lehrte, indem ich sie entflammte, das lehrt meine Kälte sie jetzt zu begreifen, jedoch derart, daß sie selbst es zu entdecken glaubt. Damit will sie mich überrumpeln, sie wird glauben, mich an Kühnheit übertroffen zu haben, und so mich eingefangen zu haben. Ihre Leidenschaft wird dann bestimmt, energisch, folgernd, dialektisch; ihr Kuß total, ihre Umarmung nicht hiatisch. – Bei mir sucht sie ihre Freiheit und findet sie um so besser, je fester ich sie umfasse. Die Verlobung zerbricht. Wenn das geschehen ist, benötigt sie etwas Ruhe, damit in diesem wilden Trubel nichts Unschönes aufkommt. Ihre Leidenschaft sammelt sich noch einmal, und sie ist mein.

So wie ich schon zu des seligen Edvards Zeit für ihre Lektüre sorgte, so tue ich das jetzt direkt. Was ich anbiete, ist das, was ich für die beste Nahrung ansehe; Mythologie und Abenteuer. Doch hat sie hier, wie überall, ihre Freiheit. Ich horche alles stets aus ihr selbst heraus. Ist es nicht schon im vorhinein dort, so lege ich es zuerst hinein.

Wenn im Sommer die Dienstmädchen den Tiergarten besuchen, dann ist das im allgemeinen ein armseliges Vergnügen. Nur einmal im Jahr kommen sie dorthin, und deshalb sollten sie dabei voll auf ihre Kosten kommen. Sie sollen Hut und Schal tragen und sich auf jede nur mögliche Art verunzieren. Die Fröhlichkeit ist ungestüm, unschön, lasziv. Nein, da ziehe ich den Park von Frederiksberg vor. Sonntagnachmittags kommen sie dorthin, und ich auch. Hier ist alles schicklich und dezent, die Lustigkeit selbst stiller und edler. Überhaupt, Mannsbilder, die keinen Sinn für Dienstmädchen haben, versäumen viel mehr, als diese versäumen. Die mannigfaltige Schar der Dienstmädchen ist wirklich die schönste Bürgerwehr, die wir in Dänemark haben. Wäre ich König – ich wüßte, was ich täte – ich würde keine Truppenschau über Linientruppen halten. Deshalb würde ich, wäre ich einer der 32 Männer der Stadt, sofort beantragen, ein Wohlfahrtskomitee zu bilden, das mit Einsicht, Rat, Ermahnung, angemessener Belohnung in jeder Beziehung danach strebte, die Dienstmädchen zu einer geschmackvollen und sorgfältigen Kleidung zu ermuntern. Warum soll man Schönheit verschwenden, warum soll sie unbemerkt durch das Leben gehen, laßt sie sich wenigstens einmal in der Woche in dem Licht zeigen, in dem sie sich gut ausmachen! Vor allem aber Geschmack, Beschränkung. Ein Dienstmädchen soll nicht wie eine Dame aussehen, darin hat der »Polizeifreund« recht, aber die Gründe, die das geachtete Blatt angibt, sind nicht zutreffend. Wenn man auf diese Weise ein wünschenswertes Aufblühen der Klasse der Dienstmädchen erwarten dürfte, würde sich das wiederum nicht nützlich auf die Töchter in euren Häusern auswirken? Oder bin ich zu kühn, wenn ich in diesem Weg eine Zukunft für Dänemark erblicke, die man wahrhaftig beispiellos nennen kann. Wenn es nur mir selbst noch vergönnt sein würde, dieses Jubeljahr zu erleben, dann könnte man mit gutem Gewissen den ganzen Tag damit verbringen, durch die Gassen und Straßen zu gehen und sich an der Augenweide erfreuen. Wie weit und kühn, wie patriotisch schwärmen meine Gedanken! Aber ich bin ja auch hier draußen in Frederiksberg, wohin die Dienstmädchen sonntagnachmittags kommen, und so ich. – – – Zuerst kommen die Bauernmädchen, Hand in Hand mit ihrem Liebsten, oder auf andere Art, zuerst alle Mädchen Hand in Hand, dahinter die Burschen, oder wiederum auf andere Art, zwei Mädchen und ein Bursche. Diese Schar bildet den Rahmen, sie stehen oder sitzen gern an den Bäumen entlang in dem großen Viereck vor dem Pavillon. Sie sind gesund, frisch, nur die Farbgegensätze in Haut und Kleidung etwas zu stark. Jetzt folgen die Mädchen von Jütland und Fünen. Groß und rank, etwas zu kräftig gebaut, ihre Kleidung etwas verwirrend. Hier gäbe es viel für das Komitee zu tun. Auch die Repräsentanten der Bornholm Division fehlen nicht: tüchtige Köchinnen, an die man aber nicht gut herankommt, weder in der Küche noch in Frederiksberg, ihr Wesen hat etwas stolz Abweisendes. Ihre Anwesenheit ist deshalb wegen des Gegensatzes nicht ohne Wirkung, ich mißte sie ungern hier draußen, aber ich lasse mich selten mit ihnen ein. – Jetzt folgen die Herztruppen: die Mädchen von Nyboder. Von kleinerem Wuchs, fülliger, mit zarter Haut, munter, fröhlich, lebhaft, gesprächig, etwas kokett, und vor allem ohne Kopfbedeckung. Ihre Kleidung mag sich wohl der einer Dame annähern, nur sind zwei Dinge zu beobachten, daß sie keinen Schal tragen, sondern ein Tuch, keinen Hut aufsetzen, sondern höchstens ein kleines lustiges Häubchen, am besten sollten sie barhäuptig sein. – – – Ah, sieh da, guten Tag, Marie; daß ich Sie hier draußen treffe? Ich habe Sie lange nicht gesehen. Sie sind doch noch bei Conferenzrats? – »Ja.« – Das ist sicher eine sehr gute Stellung? – »Ja.« – Aber Sie sind ganz allein hier draußen, ohne jede Begleitung ... ohne Liebsten, hatte er vielleicht heute keine Zeit, oder warten Sie auf ihn – wie, sie sind nicht verlobt? Das ist doch unmöglich. Das schmuckste Mädchen in Kopenhagen, ein Mädchen, das bei Conferenzrats dient, ein Mädchen, das eine Zierde und ein Vorbild für alle Dienstmädchen ist, ein Mädchen, das sich so hübsch zu schmücken versteht – – – und so reich. Welch reizendes Taschentuch halten Sie da in Ihren Händen, aus feinstem Batist ... was sehe ich, mit Stickerei an den Kanten, ich wette, es hat 10 Mark gekostet ... es gibt wohl viele vornehme Damen, die dergleichen nicht besitzen ... französische Handschuhe ... einen Seidenschirm ... und ein solches Mädchen sollte nicht verlobt sein ... das ist doch eine Ungereimtheit. Wenn ich mich recht erinnere, dann hatte Jens viel für Sie übrig, Sie wissen doch, der Jens vom Grossisten, der vom zweiten Stock ... sehen Sie, ich habe richtig getroffen ... warum haben Sie sich nicht verlobt, Jens ist solch ein schmucker Bursche, er war von guter Kondition, vielleicht wäre er im Laufe der Zeit mit dem Einfluß des Großhändlers Polizeidiener oder Heizer geworden, das wäre keine so schlechte Partie . . . Sie sind es wahrscheinlich selbst schuld, Sie waren zu hart zu ihm . . . »Nein, aber ich habe erfahren, daß Jens früher schon mit einem Mädchen verlobt gewesen ist, das er keineswegs gut behandelt haben soll.« – Was muß ich hören, wer hätte geglaubt, daß Jens ein so schlimmer Bursche ist . . . ja, die Gardistenkerle . . . die Gardistenkerle, auf sie ist kein Verlaß . . . Sie haben völlig richtig gehandelt, ein Mädchen wie Sie ist zu gut, um sich an jeden wegzuwerfen . . . Sie werden gewiß noch eine bessere Partie machen, dafür werde ich sorgen. – – – Wie geht es Fräulein Juliane? Ich habe sie lange nicht gesehen. Meine schmucke Marie wird mir gewiß die eine oder andere Aufklärung geben können . . . wenn man selbst Unglück in der Liebe gehabt hat, muß man dafür nicht anderen gegenüber teilnahmslos sein . . . hier sind so viele Leute . . . ich wage nicht, mit Ihnen darüber zu sprechen, ich habe Angst, daß uns jemand belauschen könnte . . . hören Sie nur einen Augenblick zu, meine schöne Marie . . . sehen Sie hier an diesem Ort, auf diesem schattigen Weg, auf dem sich die Bäume ineinanderschlingen, um uns vor den anderen zu verbergen, hier, wo wir keinen Menschen sehen, keine menschliche Stimme hören, sondern nur den entfernten Klang der Musik . . . hier wage ich über mein Geheimnis zu sprechen . . . Nicht wahr, wenn Jens nicht ein schlechter Mensch gewesen wäre, so wärest Du mit ihm hierher gekommen, Arm in Arm, Ihr hättet der fröhlichen

Musik gelauscht und selbst eine noch höhere genossen ... warum so bewegt – vergiß doch Jens ... Willst Du ungerecht zu mir sein ... ich kam hier heraus, um Dich zu treffen ... um Dich zu sehen, ging ich zu Conferenzrats ... das hast Du bemerkt ... wenn es sich machen ließ, kam ich stets an die Küchentür ... Du sollst mir gehören ... es soll von der Kanzel verkündet werden ... morgen Abend werde ich Dir alles erklären ... die Hintertreppe hinauf, die Türe links, der Küchentür gegenüber ... lebe wohl, meine schmucke Marie ... laß niemand merken, daß Du mich hier draußen getroffen und mit mir gesprochen hast, Du kennst ja mein Geheimnis. – – – Sie ist wirklich reizend, es ließe sich etwas aus ihr machen. – Wenn ich erst Fuß gefaßt habe in ihrer Kammer, werde ich selbst das Aufgebot von der Kanzel verlesen. Ich war immer darauf bedacht, die schöne griechische αυταρκεια zu entwickeln und insbesondere einen Pfarrer überflüssig zu machen.

Wenn es sich machen ließe, hinter Cordelia zu stehen, wenn sie einen Brief von mir erhält, könnte mich das sehr interessieren. Ich könnte mich dann leicht davon überzeugen, inwieweit sie sich ihn im eigentlichen Sinn erotisch aneignet. Im großen und ganzen sind Briefe immer ein nicht zu bezahlendes Mittel, bei einem jungen Mädchen Eindruck zu machen; der tote Buchstabe hat oft weit größeren Einfluß als das lebendige Wort. Ein Brief ist eine geheimnisvolle Kommunikation; man ist Herr über die Situation, fühlt nicht den Druck von Anwesenheit, und mit seinem Ideal will ein junges Mädchen, glaube ich, am liebsten ganz alleine sein, das heißt in einzelnen Augenblicken, und gerade in dem Augenblick, in dem es am stärksten auf ihr Gemüt wirkt. Wenn auch ihr Ideal einen noch so vollkommenen Ausdruck in einem bestimmten, geliebten Gegenstand gefunden hat, so gibt es doch Augenblicke, in denen sie fühlt, daß etwas Außerordentliches im Ideal ist, was die Wirklichkeit nicht hat. Diese großen Versöhnungsfeste muß man ihr einräumen, man muß nur darauf achten, sie richtig zu nutzen, damit sie nicht erschöpft, sondern gestärkt aus ihnen in die Wirklichkeit zurückkehrt. Dabei helfen Briefe, die bewirken, daß man in diesen heiligen Augenblicken der Weihe unsichtbar geistig anwesend ist, während die Vorstellung, daß die wirkliche Person der Verfasser des Briefes ist, einen natürlichen und leichten Übergang zur Wirklichkeit bietet.

Könnte ich eifersüchtig sein auf Cordelia? Tod und Teufel, ja! Und doch in einem anderen Sinne, nein! Wenn ich nämlich bemerkte, daß in meinem Kampf mit dem anderen ich zwar siegen, ihr Wesen aber zerstört würde und nicht das, was ich wünschte – dann würde ich sie aufgeben.

Ein alter Philosoph hat gesagt, wenn man alles genau aufschreibt, was man erlebt, so ist man, ehe man sich versieht, Philosoph. Ich habe jetzt längere Zeit in Verbindung mit der Gemeinde der Verlobten gelebt. Irgendeine Frucht muß ein solches Verhältnis doch wohl hervorbringen. Ich habe daran gedacht, Material zu sammeln für eine Schrift mit dem Titel: Beitrag zur Theorie des Kusses, allen zärtlich Liebenden gewidmet. Es ist übrigens bemerkenswert, daß es keine Abhandlung über diesen Gegenstand gibt. Wenn es mir glücken wird, fertig zu werden, werde ich damit einem seit langem bemerkten Mangel abhelfen. Sollte dieser Mangel in der Literatur seinen Grund darin haben, daß die Philosophen über dergleichen nicht nachdenken oder darin, daß sie sich auf diese Sache nicht verstehen? – Einige Hinweise könnte ich bereits geben. Zu einem vollständigen Kuß gehört ein Mädchen und ein Mann, sie sind die Handelnden. Ein Kuß zwischen Männern ist geschmacklos oder hat, was schlimmer ist, einen Beigeschmack. – Ferner glaube ich, daß ein Kuß der Idee näher kommt, wenn ein Mann ein Mädchen küßt, als wenn ein Mädchen einen Mann küßt. Wo im Laufe der Jahre in dieser Hinsicht Indifferenz eingetreten ist, hat der Kuß seine Bedeutung verloren. Das gilt für den ehelichen häuslichen Kuß, wobei die Eheleute mangels einer Serviette einander den Mund trocknen, indem sie sagen: wohl bekomm's. – Ist der Altersunterschied sehr groß, dann liegt der Kuß außerhalb seiner Bedeutung. Ich erinnere mich, daß in einer Mädchenschule in einer der Provinzen die oberste Klasse einen eigenen Terminus hatte: den Justizrat küssen, ein Ausdruck, mit dem sie eine alles andere als behagliche Vorstellung verbanden. Der Ursprung zu diesem Terminus war folgender: Die Lehrerin hatte einen Schwager, der bei ihr im Hause wohnte, er war Justizrat gewesen, war ein älterer Mann und nahm sich kraft dessen die Freiheit, alle jungen Mädchen küssen zu dürfen. – Der Kuß muß Ausdruck einer bestimmten Leidenschaft sein. Wenn ein Bruder und eine Schwester, die Zwillinge sind, sich küssen, ist der Kuß kein richtiger Kuß. Für einen Kuß, der bei einem Pfänderspiel gegeben wird, gilt dasselbe und ebenso für einen gestohlenen Kuß. Ein Kuß ist eine symbolische Handlung, die nichts zu bedeuten hat, wenn das Gefühl, das er ausdrücken soll, nicht vorhanden ist, und dieses Gefühl kann nur unter bestimmten Verhältnissen vorhanden sein. – Will man den Versuch machen, den Kuß einzuteilen, so kann man sich verschiedene Einteilungsprinzipien vorstellen. Man kann ihn im Hinblick auf das Geräusch einteilen. Leider reicht die Sprache hier für meine Beobachtungen nicht aus. Ich glaube nicht, daß alle Sprachen der Welt den erforderlichen Vorrat an Onomatopoietika haben, um die Unterschiede zu bezeichnen, die ich allein im Hause meines Onkels kennengelernt habe. Bald ist es ein schmatzender, bald ein zischender, bald ein klatschender, bald ein knallender, bald ein dröhnender, bald ein voller, bald ein hohler, bald einer wie Kattun usw. usw. – Man kann den Kuß einteilen im Hinblick auf Berührungen in den tangierenden oder den Kuß *en passant* oder den kohärierenden. – Man kann ihn nach der Zeit einteilen, in den kurzen und in den langen. Im Hinblick auf Zeit gibt es auch eine andere Einteilung, und diese ist eigentlich die einzige, die mir gefallen hat. Man macht dabei einen Unterschied zwischen dem ersten Kuß und allen anderen.

Das, worüber hier reflektiert wird, ist inkommensurabel mit dem, was bei den übrigen Einteilungen zum Ausdruck kommt, es ist im allgemeinen indifferent gegen Geräusch, Berührung, Zeit. Der erste Kuß hingegen unterscheidet sich qualitativ von allen anderen. Nur wenige Menschen denken daran, es wäre schade, wenn nicht wenigstens einer da wäre, der darüber nachdenkt.

Meine Cordelia!
Eine gute Antwort ist wie ein süßer Kuß, sagt Salomon. Du weißt, ich habe die schlechte Neigung, viel zu fragen; man macht mir beinahe Vorwürfe darüber. Das kommt daher, daß man nicht versteht, wonach ich frage; denn Du, Du alleine verstehst, wonach ich frage, und Du, Du alleine verstehst zu antworten, und Du, Du alleine verstehst, eine gute Antwort zu geben; denn eine gute Antwort ist wie ein süßer Kuß, sagt Salomon.

       Dein Johannes

Es besteht ein Unterschied zwischen einer geistigen Erotik und einer irdischen Erotik. Bisher habe ich meist versucht, bei Cordelia die geistige zu entwickeln. Meine persönliche Gegenwart muß jetzt eine andere sein, nicht bloß die begleitende Stimmung, sie muß verführerisch sein. Ich habe mich in diesen Tagen beständig vorbereitet, indem ich die bekannte Stelle im Phaidros über die Liebe las. Das elektrisierte mein ganzes Wesen und ist ein hervorragendes Präludium. Plato verstand sich wirklich auf Erotik.

Meine Cordelia!

Der Lateiner sagt von einem aufmerksamen Schüler, daß er am Mund des Lehrers hängt. Für die Liebe ist alles Bild, dafür ist wiederum das Bild Wirklichkeit. Bin ich nicht ein fleißiger, ein aufmerksamer Schüler? Aber Du sagst ja kein Wort.

Dein Johannes

Wenn ein anderer als ich diese Entwicklung leitete, so würde er vermutlich zu klug sein, um sich leiten zu lassen. Würde ich einen Eingeweihten unter den Verlobten konsultieren, so würde er mir wohl im hohen Schwung erotischer Kühnheit sagen: ich suche vergebens in diesen Positionen der Liebe die Klangfigur, wo die Liebenden über ihre Liebe sprechen. Ich würde antworten: das freut mich, daß du sie vergebens suchst; denn diese Figur ist einfach nicht am Platz in der eigentlichen Erotik, nicht einmal, wenn man das Interessante mit einbezieht. Die Liebe ist allzu substantiell, um sich mit Geschwätz zu begnügen; die erotischen Situationen sind allzu bedeutungsvoll, um mit Geschwätz ausgefüllt zu werden. Sie sind stumm, still, in bestimmten Umrissen, und doch gesprächig wie die Musik der Memnon-Kollosalstatue. Eros gestikuliert, spricht nicht; oder insoweit er es tut, ist es eine rätselhafte Andeutung, eine bildliche Musik. Die erotischen

Situationen sind immer entweder plastisch oder malerisch; aber daß zwei sich über ihre Liebe unterhalten, das ist weder plastisch noch malerisch. Die soliden Verlobten beginnen jedoch stets mit dergleichen Geplauder, das auch zum zusammenhaltenden Band in ihrem redseligen Ehestand wird. Dieses Geplauder ist gleichzeitig die Initiative dazu und Verheißung dafür, daß ihre Ehe nicht der Mitgift entbehren wird, von der Ovid sagt: *dos est uxoria lites.* – Wenn geredet werden soll, genügt es, wenn einer spricht. Der Mann soll sprechen und er soll deshalb im Besitz von einigen jener Kräfte sein, die in dem Gürtel waren, mit dem Venus betörte: des Gesprächs und der süßen Schmeichelei, das heißt des Insinuanten. – Daraus folgert keineswegs, daß Eros stumm ist oder daß es erotisch falsch sei, sich zu unterhalten, nur muß die Unterhaltung selbst erotisch sein, sich nicht in erbauliche Betrachtungen über Lebensaussichten verlieren usw. und daß die Unterhaltung doch eigentlich als ein Ausruhen von der erotischen Tat angesehen wird, als einen Zeitvertreib, nicht als das Höchste. Eine solche Unterhaltung, eine solche *confabulatio* ist in ihrer Art ganz göttlich, und ich werde es nie leid, mich mit einem jungen Mädchen zu unterhalten. Damit will ich sagen, ich kann eines einzelnen jungen Mädchens leid werden, aber nie der Unterhaltung mit einem jungen Mädchen. Das ist für mich eine ebenso große Unmöglichkeit wie zu müde zu sein, um zu atmen. Was eigentlich das Eigenartige einer solchen Unterhaltung ist, das ist das vegetative Blühen der Konversation. Die Unterhaltung bleibt auf der Erde, hat keinen eigentlichen Gegenstand, der Zufall ist das Gesetz für seine Wendungen – aber Tausendschön der Name dafür und für ihre Produkte.

Meine Cordelia!
»Mein – Dein«, diese Worte umfassen wie eine Klammer den ärmlichen Inhalt meiner Briefe. Ist Dir aufgefallen, daß der Abstand zwischen den Klammern kürzer wird? Oh, meine Cordelia! Es ist doch schön, je inhaltsloser die Klammer wird, desto bedeutungsvoller wird sie.
Dein Johannes

Meine Cordelia!
Ist eine Umarmung ein Kampf?
Dein Johannes

Gewöhnlich verhält sich Cordelia schweigsam. Das war mir stets lieb. Sie hat eine zu tiefe weibliche Natur, um einen mit dem Hiatus zu plagen, einer Redefigur, die besonders dem Weib eigentümlich ist und unumgänglich, wenn der den vorausgehenden oder nachfolgenden begrenzenden Konsonanten bilden soll, ebenso weiblich ist. Bisweilen verrät jedoch eine einzelne kurze Äußerung, wieviel in ihr steckt. Ich bin ihr dabei behilflich. Es ist so, als stünde hinter einem Menschen, der mit unsicherer Hand einzelne Züge einer Zeichnung hinwirft, ein anderer, der beständig etwas Kühnes und

Abgerundetes daraus hervorholt. Sie wird selbst überrascht und doch ist es, als gehörte es ihr. Deshalb wache ich über sie, über jede zufällige Äußerung, jedes leicht dahingesprochene Wort, und indem ich es ihr zurückgebe, ist es stets zu etwas Bedeutsamerem geworden, das sie sowohl kennt und nicht kennt.

Heute waren wir auf einer Gesellschaft. Wir hatten kein Wort miteinander gesprochen. Man stand von Tisch auf; da kam der Diener herein und teilte Cordelia mit, daß ein Bote für sie da sei, der sie zu sprechen wünsche. Dieser Bote kam von mir, brachte einen Brief, der einen Hinweis auf eine Äußerung enthielt, die von mir bei Tisch gemacht worden war. Ich hatte es verstanden, sie in die allgemeine Konversation bei Tisch so einzufügen, daß Cordelia, obgleich sie weit entfernt von mir saß, es zwangsläufig hören und mißverstehen mußte. Darauf war der Brief abgestellt. Wäre es mir nicht geglückt, der Unterhaltung bei Tisch diese Richtung zu geben, so wäre ich selbst zur rechten Zeit zugegen gewesen, um den Brief zu konfiszieren. Sie kam wieder herein, sie mußte ein wenig lügen. Dergleichen konsolidiert die erotische Heimlichkeit, ohne die sie nicht den Weg gehen kann, der ihr vorgezeichnet ist.

Meine Cordelia!
Glaubst Du, daß der, der sein Haupt auf den Elfenhügel legt, im Traum das Bild der Elfen sieht? Ich weiß es

nicht; aber das weiß ich, wenn mein Haupt an Deiner Brust ruht und ich die Augen dabei nicht schließe, sondern aufschaue, dann sehe ich das Antlitz eines Engels. Glaubst Du, daß wer sein Haupt gegen den Elfenhügel lehnt, nicht ruhig liegen kann? Ich glaube es nicht, aber ich weiß, wenn mein Kopf sich an Deine Brust lehnt, er zu stark bewegt wird, als daß der Schlaf sich auf meine Augen senken könnte.

Dein Johannes

Jacta est alea. Jetzt muß die Wendung erfolgen. Ich war heute bei ihr, in Gedanken ganz an eine Idee hingegeben, die mich beschäftigte. Ich hatte weder Auge noch Ohr für sie. Die Idee selbst war interessant und fesselte sie. Es wäre auch falsch gewesen, die neue Operation damit zu beginnen, in ihrer Gegenwart kalt zu sein. Wenn ich jetzt fortgegangen bin und der Gedanke sie nicht mehr beschäftigt, dann entdeckt sie leicht, daß ich anders war als ich sonst zu sein pflege. Daß sie diese Veränderung in ihrer Einsamkeit entdeckt, macht diese Entdeckung schmerzlicher für sie, wirkt langsamer, aber dafür um so eindringlicher. Sie kann nicht sogleich aufbrausen, und wenn sich die Gelegenheit dafür bietet, hat sie sich bereits soviel ausgedacht, daß sie es nicht auf einmal aussprechen kann, sondern für immer ein Residuum von Zweifel zurückbehält. Die Unruhe wird größer, die Briefe hören auf, die erotische Nahrung wird verknappt, die Liebe wird als etwas Lächerliches verspottet. Vielleicht geht sie eine Weile mit, aber auf die Dauer kann sie das nicht aushalten. Jetzt will sie mich mit den gleichen Mitteln fesseln, die ich ihr gegenüber gebraucht habe, mit dem Erotischen.

Wenn es darum geht, eine Verlobung aufzuheben, ist jedes kleine Mädchen ein großer Kasuist, und wenn man auch in der Schule keinen Kursus darüber abhält, so wissen doch alle Mädchen vorzüglich Bescheid, wenn es um die Frage geht, in welchen Fällen man eine Verlobung aufheben soll. Das sollte eigentlich ständige Aufgabe im Schulexamen des letzten Jahres sein; obgleich ich im übrigen weiß, daß die Themen, die man in den Mädchenschulen bekommt, ziemlich einförmig sind, bin ich dessen sicher, daß es nicht an Abwechslung mangeln würde, da das Problem selbst ein weites Feld für eines Mädchens Scharfsinn öffnet. Und warum soll man einem Mädchen nicht die Gelegenheit geben, seinen Scharfsinn auf die glänzendste Art zu beweisen? Oder wird sie hier nicht gerade die Gelegenheit erhalten, zu beweisen, daß sie reif ist – um verlobt zu werden? Ich habe einmal eine Situation erlebt, die mich sehr interessierte. In einer Familie, die ich zuweilen besuche, waren eines Tages die Eltern nicht zu Hause, deswegen hatten die beiden jungen Töchter des Hauses einen Kreis von Freundinnen zu einem Vormittagskaffee bei sich versammelt. Es waren insgesamt acht, alle im Alter zwischen sechzehn und zwanzig Jahren. Vermutlich hatten sie keinen Besuch erwartet. Das Dienstmädchen hatte wohl auch Anweisung zu sagen, daß sie nicht zu Hause seien. Ich trat jedoch ein und merkte deutlich, daß sie etwas überrascht waren. Gott weiß, was acht solcher junger Mädchen auf einer derartigen feierlichen Synodalversammlung eigentlich verhandeln. Verheiratete Frauen treffen sich zuweilen zu ähnlichen Zusammenkünften. Sie tragen dann Pastoraltheologie vor; insbesondere wird die wichtige Frage behandelt: in welchen Fällen es richtig ist, ein Mädchen alleine auf den Markt gehen zu lassen, ob es richtig ist, beim Metzger ein Kontrabuch zu führen oder direkt zu bezahlen, ob die Köchin wohl einen Liebsten hat, wie man dieses Techtelmechtel abstellen könnte, das nur bei der Zubereitung der Mahlzeiten stört. – – – Ich erhielt meinen Platz in dieser schönen Gruppe. Es war zu Beginn des Frühlings. Die Sonne schickte einzelne Strahlen als Vorboten seiner Ankunft. Im Zimmer selbst war alles winterlich, und gerade deshalb waren die einzelnen Strahlen so verheißungsvoll. Auf dem Tisch duftete der Kaffee – und dann die jungen Mädchen selbst, froh, gesund, blühend, übermütig, denn die Angst hatte sich bald gelegt, und wovor sollte man sich auch fürchten, sie waren ja ihrer viele. – Es glückte mir, die Aufmerksamkeit und das Gespräch auf die Frage zu lenken, in welchem Fall eine Verlobung aufgehoben werden müßte. Während mein Auge sich daran ergötzte, in diesem Kreis junger Mädchen von einer Blüte zur anderen zu flattern, sich daran erfreute, bald auf der einen, bald auf der anderen Schönheit zu verweilen, freute mein äußeres Ohr sich daran, im Genuß der Musik dieser Stimmen zu schwelgen, das innere Ohr daran, das Gesagte beobachtend zu vernehmen. Ein einziges Wort genügte mir oft, um einen tiefen Einblick in das Herz eines solchen Mädchens und dessen Geschichte zu tun. Wie verführerisch doch die Wege der Liebe sind, und wie interessant zu erforschen, wie weit die einzelne ist. Ich fachte sie beständig an, Geist, Witz, ästhetische Objektivität trugen dazu bei, das Verhältnis freier zu machen, und doch blieb alles innerhalb der strengsten Grenzen der Schicklichkeit. Während wir so in den leichten Regionen der Unterhaltung scherzten, schlummerte darin die Möglichkeit, die guten jungen Mädchen mit einem einzigen Wort in eine fatale Verlegenheit zu bringen. Diese Möglichkeit lag in meiner Macht. Die Mädchen erfaßten es nicht, ahnten es kaum. Im leichten Spiel der Unterhaltung wurden sie ständig zurückgehalten, so wie Scheherezade das Todesurteil durch Erzählen fernhält. – Bald lenkte ich das Gespräch bis an die Grenze der Wehmut, bald gab ich dem Übermut freien Lauf, bald verlockte ich sie zu einem dialektischen Spiel. Und welche Materie bietet schon eine größere Mannigfaltigkeit, je nachdem, wie man sie ansieht. Ich brachte ständig neue Themen auf. – Ich erzählte von einem Mädchen, das durch die Grausamkeit der Eltern zur Aufhebung der Verlobung gezwungen wurde. Der unglückliche Zusammenstoß brachte beinahe Tränen in ihre Augen. – Ich erzählte von einem Mann, der eine Verlobung aufgehoben hatte und dafür zwei Gründe angab, daß das Mädchen zu groß sei und daß er nicht vor ihr auf den Knien gelegen habe, als er ihr seine Liebe gestand. Als ich ihm gegenüber den Einwand erhob, daß man das doch unmöglich für ausreichende Gründe ansehen könnte, antwortete er, doch, sie reichen aus, um das, was ich will, zu erreichen; denn kein Mensch kann mit einem vernünftigen Wort darauf antworten. – Ich legte der Versammlung einen ziemlich diffizilen Fall zur Erwägung vor. Ein junges Mädchen machte Schluß, weil sie zu der Überzeugung gekommen war, daß sie und ihr Liebster nicht zusammenpaßten. Der Liebste wollte sie zur Vernunft bringen, indem er ihr versicherte, wie sehr er sie liebe, da erwiderte sie: entweder passen wir zueinander und da ist wirkliche Sympathie und dann wirst Du einsehen, daß wir nicht zueinander passen; oder wir passen nicht zueinander, und dann wirst Du einsehen, daß wir nicht zueinander passen. Es war ein Vergnügen anzusehen, wie die jungen Mädchen sich den Kopf zerbrachen, um diese rätselhaften Worte zu verstehen, und doch merkte ich deutlich, daß es ein paar unter ihnen gab, die sie vorzüglich verstanden; denn in dem Punkt, eine Verlobung aufzuheben, ist ein jedes junges Mädchen der geborene Kasuist. – Ja, ich glaube wirklich, es wäre für mich leichter, mit dem Teufel selbst zu disputieren als mit einem jungen Mädchen, wenn es darum geht, in welchem Fall man eine Verlobung aufheben soll. –

Heute war ich bei ihr. Eilig mit der Hast der Gedanken brachte ich sogleich das Gespräch auf den gleichen Gegenstand, mit dem ich sie gestern beschäftigt hatte, indem ich wieder versuchte, sie in Ekstase zu bringen. »Da ist eine Bemerkung, die ich gestern schon machen wollte; als ich gegangen war, fiel sie mir ein!« Es gelang. Solange ich bei ihr bin, findet sie Genuß daran, mir zuzuhören; wenn ich gegangen bin, merkt sie schon, daß sie getäuscht ist, daß ich verändert bin. Auf diese Weise zieht man seine Aktien ab. Es ist eine hinterlistige Art, aber ungemein zweckdienlich wie alle indirekten Methoden. Sie kann sich gut klarmachen, daß dergleichen, wie das, worüber ich spreche, mich beschäftigen kann, ja, es interessiert sie im Augenblick selbst, und doch betrüge ich sie um das eigentliche Erotische.

Oderint, dum metuant, als ob nur Furcht und Haß zusammen gehörten, während Furcht und Liebe überhaupt nichts miteinander zu tun hätten, als ob es nicht die Furcht wäre, die die Liebe interessant macht. Was ist es für eine Liebe, mit der wir die Natur umfassen, liegt nicht eine geheime Angst und ein Grauen darin, weil ihre schöne Harmonie sich hocharbeitet aus Gesetzlosigkeit und wilder Verwirrung, ihre Sicherheit aus Treulosigkeit? Aber gerade diese Angst fesselt am meisten. So auch in der Liebe, wenn sie interessant sein soll. Hinter ihr muß die tiefe, angstvolle Nacht brüten, aus der die Blüte der Liebe hervorsprießt. So ruht die *nymphaea alba* mit ihrem Kelche auf der Oberfläche des Wassers, während der Gedanke sich ängstigt, in das tiefe Dunkel zu stürzen, wo sie ihre Wurzel hat. – Ich habe bemerkt, daß sie mich immer: mein nennt, wenn sie mir schreibt; aber sie hat nicht den Mut es mir zu sagen. Heute bat ich selbst sie darum, so einschmeichelnd und heiß erotisch wie möglich. Sie fing an, ein ironischer Blick, kürzer und hurtiger als es sich sagen läßt, genügte, es für sie unmöglich zu machen, obwohl mein Mund sie mit aller Macht dazu anspornte. Diese Stimmung ist normal.

Sie ist mein. Das vertraue ich nicht den Sternen an, wie es üblich ist; ich wüßte nicht, wieso diese Nachricht jene fernen Himmelskörper beschäftigen könnte. Ich vertraue es auch keinem Menschen an, nicht einmal Cordelia. Dieses Geheimnis bewahre ich für mich ganz allein, flüstere es gleichsam in mich selbst hinein in meinen geheimnisvollsten Selbstgesprächen. Der versuchte Widerstand von ihrer Seite war nicht sonderlich groß, hingegen ist die erotische Macht, die sie entfaltet, bewundernswert. Wie interessant sie ist in dieser tiefen Leidenschaftlichkeit, wie groß sie ist, fast übernatürlich! Wie geschmeidig sie ist im Ausweichen, wie geschickt, sich überall einzuschleichen, wo sie eine nicht befestigte Stelle entdeckt! Alles ist in Bewegung gesetzt; aber in diesem Brausen der Elemente bin ich gerade in meinem Element. Und doch ist sie selbst in dieser Bewegtheit keineswegs unschön, nicht zwischen Stimmungen zerrissen, nicht in Augenblicke zersplittert. Sie ist beständig eine Anadyomene, nur daß sie nicht in naiver Anmut oder unbefangener Ruhe aufsteigt, sondern bewegt vom schnellen Pulsschlag der Liebe, während dabei doch Einheit und Gleichgewicht ist. Sie ist erotisch voll zum Kampf gerüstet, sie kämpft mit dem Pfeil des Auges, dem Befehl der Augenbraue, der Heimlichkeit der Stirn, mit der Beredheit des Busens, mit den gefährlichen Lockungen der Umarmungen, mit dem Flehen der Lippen, dem Lächeln der Wangen, mit dem ganzen süßen Verlangen des ganzen Geschöpfs. Eine Kraft, eine Energie ist in ihr, als wäre sie eine Walküre, aber diese erotische Kraftfülle wird durch eine gewisse schmachtende Mattheit temperiert, die über sie hingehaucht ist. – Zu lange darf sie nicht auf diesem Höhepunkt verweilen, auf dem nur Angst und Unruhe sie aufrecht halten und verhindern, daß sie stürzt. Bei solchen Regungen wird sie bald fühlen, daß eine Verlobung zu eng ist, zu hinderlich. Sie selbst wird zur Versucherin, die mich verführt, die Grenze des Gewöhnlichen zu überschreiten, so wird sie sich dessen bewußt, und das ist mir die Hauptsache.

Es fallen jetzt häufig Äußerungen von ihrer Seite, die darauf hindeuten, daß sie der Verlobung müde ist. Sie gehen nicht unbeachtet an meinem Ohr vorbei, sie sind die Spione meiner Operationen in ihrer Seele, die mir aufklärende Zeichen geben, sie sind die Enden der Fäden, mit denen ich sie in meinen Plan einspinne.

Meine Cordelia!
Du klagst über die Verlobung, Du meinst, unsere Liebe bedürfe nicht eines äußeren Bandes, das bloß hinderlich ist. Daran erkenne ich sogleich meine vortreffliche Cordelia. Wirklich, ich bewundere Dich! Unsere äußere Vereinigung ist doch nur eine Trennung. Noch gibt es eine Zwischenwand, die uns von-

einander trennt wie Pyramus und Thisbe. Noch stört das Mitwissen der Menschen. Nur im Gegensatz ist Freiheit. Wenn kein Fremder die Liebe ahnt, erst dann hat sie Bedeutung; wenn jeder Unbefugte glaubt, daß die Liebenden einander hassen, erst dann ist die Liebe glücklich.

      Dein Johannes

Bald wird das Band der Verlobung gebrochen. Sie selbst ist es, die es lösen wird, um mich durch diese Lösung wenn möglich noch stärker zu fesseln. So wie die flatternden Locken mehr fesseln als die aufgebundenen. Falls ich die Verlobung löste, würde mir dieser erotische Saltomortale entgehen, der sich so verführerisch ansieht und ein so sicheres Zeichen von der Kühnheit ihrer Seele ist. Das ist mir die Hauptsache. Hinzu kommt, daß die ganze Begebenheit mir einige unangenehme Folgen im Hinblick auf andere Menschen eintragen würde. Ich würde mich unbeliebt machen, verachtet, verabscheut, wenn auch zu unrecht; denn wie vorteilhaft wäre es nicht für viele. Manch eine kleine Jungfer wäre, mangels einer Verlobung, doch damit zufrieden, ganz nahe daran gewesen zu sein. Es ist doch immerhin etwas, wenngleich, wenn ich aufrichtig sein soll, sehr wenig, denn wenn man sich so nach vorne gedrängt hat, um einen Platz auf der Anwärterliste zu bekommen, ist man gerade ohne Anwartschaft, je höher man nach oben rückt, je länger man nachrückt, desto weniger Aussicht. In der Welt der Liebe gilt das Anciennitätsprinzip im Hinblick auf

Avancement und Beförderung nicht. Hinzu kommt, daß so eine kleine Jungfer es müde wird, in fortgesetzter Gütergemeinschaft zu leben, sie drängt danach, daß ihr Leben von einem Ereignis bewegt wird. Was aber läßt sich mit einer unglücklichen Liebesaffäre vergleichen, besonders wenn man nebenbei die ganze Sache so leicht nehmen kann. Man macht sich selbst und seinen Mitmenschen vor, daß man zu den Betrogenen gehört, und da man nicht qualifiziert ist zur Aufnahme in ein Magdalenen-Stift, logiert man sich nebenan im Tränentopf ein. Pflichtschuldig haßt man mich also. Hinzu kommt noch eine Division derer, die von einem anderen ganz, halb oder dreiviertel betrogen worden sind. In dieser Hinsicht gibt es viele Grade, gerechnet von denen, die sich auf einen Ring berufen können, bis zu denen, die ihren Haß an einen Händedruck bei einem Kontretanz aufhängen. Ihre Wunde wird durch den neuen Schmerz wieder aufgerissen. Ihren Haß nehme ich als eine Zugabe mit. Aber alle diese Hassenden sind natürlich ebenso viele Krypto-Liebhaberinnen meines armen Herzens. Ein König ohne Land ist eine lächerliche Figur; aber ein Erbfolgekrieg zwischen einer Schar von Anwärtern auf ein Königreich ohne Land, das übertrifft selbst das Lächerlichste. So gesehen müßte ich eigentlich von dem schönen Geschlecht geliebt und gehegt werden wie ein Pfandhaus. Ein wirklich Verlobter kann doch nur für eine sorgen, aber eine derart weitläufige Möglichkeit kann so viele wie sie will versorgen, das heißt so leidlich versorgen. Von all diesem endlosen Unsinn bleibe ich verschont, und ich habe gleichzeitig den Vorteil, nach außen in einer ganz neuen Rolle auftreten zu können. Die jungen Mädchen werden mich bedauern, Mitleid mit mir haben, nach mir seufzen, ich schlage ganz die gleiche Tonart an, auf diese Weise kann man auch fangen.

Es ist doch merkwürdig, ich bemerke derzeit mit Schmerzen, daß ich das verräterische Zeichen bekomme, das Horaz jedem treulosen Mädchen wünscht – einen schwarzen Zahn, obendrein ein Vorderzahn. Wie abergläubisch man doch sein kann. Der Zahn stört mich sehr, ich mag es nicht, wenn man darauf anspielt, das ist für mich ein wunder Punkt. Während ich sonst überall voll bewaffnet bin, kann mir hier selbst der größte Tölpel einen Stoß versetzen, der tiefer geht als er glaubt, wenn er an den Zahn rührt. Ich versuche alles, um ihn weiß zu bekommen, jedoch vergebens; ich spreche mit Palnotoke:

Ich putze ihn bei Tag und in der Nacht
Doch tilge ich nicht aus den schwarzen Schatten.

Das Leben enthält doch außerordentlich viel Rätselvolles. Ein so kleiner Umstand kann mich mehr verstören als der gefährlichste Angriff, die peinlichste Situation. Ich ließe ihn mir ziehen, aber das würde mein Organ und die Macht meiner Stimme beeinträchtigen. Aber ich werde ihn ziehen und einen falschen einsetzen lassen; der ist nämlich falsch gegen die Welt, aber der schwarze ist falsch gegen mich.

Es ist eine ganz vortreffliche Sache, daß Cordelia sich an einer Verlobung stößt. Die Ehe ist und bleibt doch eine ehrwürdige Institution, wenn auch das Langweilige an ihr ist, daß sie gleich in ihrer Jugend einen Teil der Ehrwürdigkeit genießt, die das Alter verschafft. Eine Verlobung hingegen ist eine echt menschliche Erfindung, und als solche so bedeutend und so lächerlich, daß es auf der einen Seite ganz in Ordnung ist, daß ein junges Mädchen sich im Wirbel der Leidenschaft darüber hinwegsetzt, und doch andererseits deren Bedeutung fühlt, die Energie ihrer Seele wie ein höheres Blutsystem überall in sich anwesend fühlt. Jetzt geht es darum, sie so zu steuern, daß sie in ihrem kühnen Flug die Ehe wie überhaupt das Festland der Wirklichkeit aus den Augen verliert, daß ihre Seele ebensosehr in ihrem Stolz wie in ihrer Angst, mich zu verlieren, eine unvollkommene menschliche Form zunichte macht, um zu etwas zu streben, das höher ist als das allgemein Menschliche. In dieser Hinsicht brauche ich inzwischen nichts zu befürchten, denn ihr Gang über das Leben ist bereits jetzt so schwebend und leicht, daß die Wirklichkeit zum größten Teil schon außer Sicht geraten ist. Überdies bin ich ständig mit an Bord und kann jederzeit die Segel einziehen.

Das Weib ist und bleibt für mich ein unerschöpflicher Stoff für Überlegungen, ein ewiger Überfluß für Beobachtungen. Der Mensch, der sich nicht zu diesem Studium gedrängt fühlt, kann für mich in der Welt sein, was er will, eines ist er nicht, er ist kein Ästhetiker. Das ist gerade das Herrliche, das Göttliche in der Ästhetik, daß sie nur mit dem Schönen in Beziehung tritt; sie hat es wesentlich nur mit der schönen Literatur und dem schönen Geschlecht zu tun. Es kann mich erfreuen, es kann mein Herz erfreuen, zu denken wie die Sonne der Weiblichkeit sich in einer unendlichen Mannigfaltigkeit ausstrahlt, sich in einer Sprachverwirrung verbreitet, bei der jede Einzelne einen kleinen Teil des ganzen Reichtums der Weiblichkeit hat, jedoch so, daß alles übrige, das sich bei ihr findet, sich harmonisch um diesen Punkt fügt. So gesehen ist die weibliche Schönheit unendlich teilbar. – Nur muß der einzelne Teil der Schönheit harmonisch beherrscht sein, denn sonst wirkt er störend, und man kommt auf den Gedanken, daß die Natur bei diesem Mädchen an etwas gedacht hat, es aber dabei geblieben ist. Mein Auge wird nie müde, über diese peripherische Mannigfaltigkeit, über diese ausgestreuten Emanationen der weiblichen Schönheit zu gleiten. Jeder einzelne Punkt hat seinen kleinen Anteil und ist doch in sich vollendet, glücklich, froh, schön. Jede hat das ihre: das muntere Lächeln; den schelmischen Blick; das begehrende Auge; das gebeugte Haupt; das übermütige Gemüt; die stille Wehmut; das tiefe Ahnen; die warnende Schwermut; das irdische Heimweh; die nicht gebeichteten Regungen; die lockenden Brauen; die fragenden Lippen; die geheimnisvolle Stirne; die bestrickenden Locken; die verbergenden Wimpern; den himmlischen Stolz; die irdische Schamhaftigkeit; die engelhafte Reinheit; das stille Erröten; den leichten Gang; das anmutige Schweben; die schmachtende Haltung; das sehnsuchtsvolle

Träumen; die unerklärlichen Seufzer; den schlanken Wuchs; die weichen Formen; den üppigen Busen; die schwellenden Hüften; den kleinen Fuß; die niedliche Hand. – Jede hat das ihrige und die eine nicht das, was die andere hat. Wenn ich dann diese Mannigfaltigkeit der Welt gesehen und wieder gesehen, betrachtet und wieder betrachtet habe, wenn ich gelächelt, geseufzt, geschmeichelt, gedroht, begehrt, verlockt, gelacht, geweint, gehofft, gefürchtet, gewonnen, verloren habe – dann schließe ich den Fächer, dann sammelt sich das verstreute zu dem Einen, die Teile zum Ganzen. Dann freut sich meine Seele, dann klopft mein Herz, dann entbrennt die Leidenschaft. Dieses eine Mädchen, die einzige in der ganzen Welt, sie muß mir gehören, sie muß mein sein. Mag Gott doch den Himmel behalten, wenn ich sie behalten darf. Ich weiß gut, was ich wähle, es ist so groß, daß dem Himmel selbst nicht damit gedient sein kann, so zu teilen, denn was bliebe noch für den Himmel übrig, wenn ich sie behalte? Die gläubigen Mohammedaner würden in ihrer Hoffnung getäuscht werden, wenn sie in ihrem Paradies bleiche, kraftlose Schatten umarmten; denn warme Herzen könnten sie nicht finden, denn alle Wärme des Herzens ist in ihrer Brust gesammelt; trostlos würden sie verzweifeln, wenn sie bleiche Lippen finden, matte Augen, einen unbewegten Busen, einen dürftigen Händedruck, denn alle Röte der Lippen und alles Feuer der Augen und die Erregtheit des Busens, Verheißung des Händedrucks und Ahnung des Seufzers und des Kusses Besiegelung und das Zittern der Berührung und die Leidenschaft der Umarmung – alles – alles wäre in ihr vereinigt, die an mich verschwendete, was genug sein würde für sowohl diese Welt wie für das Jenseits. In dieser Weise habe ich oft über diese Sache nachgedacht; aber immer, wenn ich in dieser Weise denke, wird es mir stets warm, weil ich sie mir warm vorstelle. Obgleich man nun im allgemeinen Wärme für ein gutes Zeichen hält, so folgt daraus doch nicht, daß man meiner Gesinnung das ehrenhafte Prädikat einräumt, daß sie solide sei. Deshalb will ich jetzt zur Abwechslung kalt, sie mir kalt vorstellen. Ich werde versuchen, das Weib kategorisch zu denken. In welche Kategorie ist es einzureihen? Unter Sein-für-Anderes. Das darf jedoch nicht im falschen Sinn verstanden werden, als ob sie, die für mich ist, zugleich auch für einen anderen wäre. Man muß hier, wie stets bei abstraktem Denken, jegliche Rücksicht auf Erfahrung vermeiden; denn sonst würde ich im gegenwärtigen Fall auf sonderbare Weise die Erfahrung sowohl für wie gegen mich haben. Die Erfahrung ist hier wie überall eine sonderbare Person, denn ihr Wesen ist es, stets dafür und dagegen zu sein. Sie ist also Sein-für-Anderes. Man soll sich hier nicht wieder von einer anderen Seite der Erfahrung irreführen lassen, die lehrt, daß man selten ein Weib trifft, das in Wahrheit Sein-für-Anderes ist, da im allgemeinen eine große Anzahl schlechthin nichts ist, weder für sich selbst noch für anderes. Diese Bestimmung hat es nun mit der ganzen Natur gemeinsam, mit überhaupt dem ganzen Femininen. Die ganze Natur ist dergestalt, daß das einzelne Glied der Natur für ein anderes einzelnes Glied da ist, aber die ganze Natur für anderes – ist für den Geist. Dergestalt ist es wiederum mit dem Einzelnen. Das Pflanzenleben zum Beispiel entfaltet in aller Naivität seine verborgenen Reize und ist bloß für anderes. Ebenso ist ein Rätsel, eine Scharade, ein Geheimnis, ein Vokal usw. nur Sein-für-Anderes. Daraus läßt es sich auch erklären, warum Gott, als er Eva schuf, Adam in einen tiefen Schlaf versetzte, denn das Weib ist der Traum des Mannes. Auch auf andere Weise lernt man von dieser Erzählung, daß das Weib Sein-für-Anderes ist. Denn es heißt, daß Jehova dem Manne eine Rippe entnahm. Hätte er zum Beispiel vom Hirn des Mannes genommen, dann wäre das Weib wohl weiter Sein-für-Anderes geblieben, aber die Bestimmung war nicht, daß es ein Hirngespinst sein sollte, sondern etwas ganz anderes. Sie wurde Fleisch und Blut, fällt aber gerade deshalb unter die Bestimmungen der Natur, die wesentlich Sein-für-Anderes ist. Erst durch die Berührung mit der Liebe erwacht sie, vor dieser Zeit ist sie Traum. Doch kann man in dieser Traum-Existenz zwei Stadien unterscheiden: das erste ist das, in dem die Liebe von ihr träumt, das zweite ist das, in dem sie von der Liebe träumt.

Als Sein-für-Anderes wird das Weib mit der reinen Jungfräulichkeit gekennzeichnet. Jungfräulichkeit ist nämlich ein Sein, das, soweit es Sein für sich ist, eigentlich eine Abstraktion ist und sich nur für anderes zeigt. Das gleiche liegt auch in der weiblichen Unschuld. Man kann deshalb sagen, daß das Weib in diesem Zustand unsichtbar ist. Wie bekannt, gab es auch kein Bild der *Vesta*, der Göttin, die am nächsten die eigentliche Jungfräulichkeit kennzeichnet. Diese Existenz ist nämlich ästhetisch neidisch auf sich selbst, so wie Jehova ethisch, und will nicht, daß irgendwo ein Bild von ihr existiert oder gar irgendeine Vorstellung davon. Es ist dieser Widerspruch, daß das, was Anderes ist, nicht ist, und gleichsam erst sichtbar wird durch Anderes. In logischer Hinsicht ist dieser Widerspruch ganz in Ordnung, und wer logisch zu denken versteht, wird davon nicht beirrt, sondern freut sich darüber. Wer jedoch unlogisch denkt, der wird sich einbilden, daß das, was Sein-für-Anderes ist, in dem endlichen Sinn *ist*, wie man es von einem einzelnen Ding, das etwas für mich ist, sagen kann.

Dieses Sein des Weibes (das Wort Existenz sagt schon zu viel, denn sie besteht nicht aus sich selbst) wird richtig mit Anmut bezeichnet, einem Ausdruck, der an das vegetative Leben erinnert; sie ist wie eine Blume, wie die Dichter gerne sagen, und selbst das Geistige ist auf eine vegetative Art in ihr vorhanden. Sie liegt ganz in der Bestimmung der Natur und ist deswegen nur ästhetisch frei. Im tieferen Sinn wird sie erst durch den Mann frei, und deshalb heißt es: freien, und deshalb freit der Mann. Wenn er richtig freit, so kann von einer Wahl nicht die Rede sein. Das Weib wählt wohl, aber wenn diese Wahl als Ergebnis einer langen Überlegung gesehen wird, dann ist ein solches Wählen unweiblich. Deshalb ist es entehrend, einen Korb zu bekommen, weil das betreffende Individuum sich selbst erhöht hat, einen anderen frei machen wollte, ohne es zu vermögen. – In diesem Verhalten liegt eine tiefe Ironie. Das, was für Anderes ist, erhält den Anschein, das Vorherrschende zu sein: der Mann freit, das Weib wählt. Das Weib ist seinem Begriff nach die Überwundene, der Mann seinem Begriff nach der Sieger, und doch beugt der Sieger sich vor der Besiegten, und doch ist das ganz natürlich, und doch ist es nur Tölpelhaftigkeit, Dummheit und Mangel an erotischem Sinn, sich über etwas hinwegzusetzen, was sich unmittelbar so ergibt. Es hat auch einen tieferen Grund. Denn das Weib ist Substanz, der Mann ist Reflexion. Es wählt daher auch nicht ohne weiteres, aber der Mann freit, sie wählt. Aber das Freien des Mannes ist ein Fragen, ihre Wahl eigentlich nur Antwort auf eine Frage. In gewisser Hinsicht ist der Mann mehr als das Weib, in anderer Hinsicht unendlich viel weniger.

Dieses Sein-für-Anderes ist die reine Jungfräulichkeit. Macht es einen Versuch, im Verhältnis zu einem anderen Sein, das Sein für es ist, selbst zu sein, dann zeigt sich der Gegensatz in der absoluten Sprödigkeit, aber dieser Gegensatz zeigt zugleich, daß das eigentliche Sein des Weibes Sein-für-Anderes ist. Der diametrale Gegensatz zur absoluten Hingabe ist die absolute Sprödigkeit, die im umgekehrten Sinn unsichtbar ist als die Abstraktion, an der sich alles bricht, ohne daß die Abstraktion damit Leben erhielte. Die Weiblichkeit nimmt jetzt den Charakter der abstrakten Grausamkeit an, die die karikierende Spitze der eigentlichen jungfräulichen Sprödigkeit ist. Ein Mann kann niemals so grausam sein wie ein Weib. Zieht man Mythologien, Abenteuer, Volkssagen zu Rate, so wird man das bestätigt finden. Soll ein Naturprinzip beschrieben werden, das in seiner Unbarmherzigkeit keine Grenzen kennt, dann ist es ein jungfräuliches Wesen. Oder man ist entsetzt, von einem Mädchen zu lesen, das ungerührt seine Bewerber ihr Leben aufs Spiel setzen läßt, wie man es so oft in den Märchen der Völker lesen kann. Ein *Blaubart* bringt alle Mädchen, die er geliebt hat, in der Hochzeitsnacht um, aber er hat keine Freude daran, sie umzubringen, im Gegenteil, die Freude ging voraus, darin liegt die Konkretion, es ist keine Grausamkeit um der Grausamkeit willen. Ein *Don Juan* verführt sie und verläßt sie, aber er hat gar keine Freude daran, sie zu verlassen, wohl aber daran, sie zu verführen; es ist also keineswegs diese abstrakte Grausamkeit.

So sehe ich, je mehr ich die Sache bedenke, daß meine Praxis in vollkommener Harmonie mit meiner Theorie ist. Meine Praxis ist nämlich stets von der Überzeugung durchzogen gewesen, daß das Weib wesentlich Sein-für-Anderes ist. Deshalb hat dieser Augenblick so unendlich viel zu bedeuten; denn Sein-für-Anderes ist immer Augenblickssache. Es kann viel oder wenig Zeit vergehen, bis daß der Augenblick kommt, aber sobald er gekommen ist, so nimmt das, was ursprünglich Sein-für-Anderes war, ein relatives Sein an und ist damit vorbei. Ich weiß wohl, daß die Ehemänner davon sprechen, daß das Weib in gewisser Hinsicht auch Sein-für-Anderes ist, für sie ist es alles für das ganze Leben. Das muß man wohl den Ehemännern zugute halten. Im Grunde glaube ich, daß es etwas ist, was sie sich gegenseitig einbilden. Im allgemeinen hat hier im Leben jeder Stand gewisse konventionelle Gebräuche und besonders gewisse konventionelle Lügen. Dazu gehören auch diese Seemannsberichte. Es ist keine so leichte

Sache, sich auf den Augenblick zu verstehen, und wer ihn mißversteht, bekommt natürlich eine solche Langweilerin für das ganze Leben. Der Augenblick ist alles, und im Augenblick ist das Weib alles, die Konsequenzen verstehe ich nicht. Darunter ist auch die Konsequenz, Kinder zu bekommen. Nun bilde ich mir ein, daß ich ein ziemlich konsequenter Denker bin, aber selbst wenn ich verrückt würde, wäre ich nicht der Mann, an die Konsequenz zu denken, ich verstehe sie einfach nicht, zu so etwas gehört ein Ehemann.

Gestern besuchten Cordelia und ich eine Familie in deren Sommerwohnung. Die Gesellschaft hielt sich fast nur im Garten auf, wo man sich die Zeit mit allerlei körperlichen Übungen vertrieb. Unter anderem spielte man auch mit Reifen. Ich benützte die Gelegenheit, als ein anderer Herr, der mit Cordelia gespielt hatte, wegging, um ihn abzulösen. Welchen Reichtum von Anmut entwickelte sie, noch verführerischer durch die verschönernden Anstrengungen im Spiel! Welche anmutige Harmonie im inneren Widerspruch der Bewegungen! Wie leicht sie war – wie Tanz über die Auen! Wie kraftvoll, doch ohne Widerstand zu benötigen, täuschend, bis daß das Gleichgewicht alles erklärte, wie dithyrambisch war doch ihr Auftreten, wie herausfordernd ihr Blick. Das Spiel selbst hatte natürlich ein besonderes Interesse für mich. Cordelia schien das nicht zu beachten. Eine Anspielung von mir zu einem der Anwesenden über den hübschen Brauch, Ringe zu wechseln, schlug wie ein Blitz in ihre Seele ein. Eine gehobenere Beleuchtung lag von diesem Augenblick an über der ganzen Situation, eine tiefere Bedeutung durchzog sie, eine stärkere Energie durchglühte sie. Ich hielt beide Ringe auf meinem Stock, ich hielt einen Augenblick an, wechselte ein paar Worte mit den Umstehenden. Sie verstand diese Pause. Ich warf ihr die Ringe wieder zu. Wenig später fing sie beide mit ihrem Stock. Sie warf sie wie unbeabsichtigt beide gleichzeitig senkrecht empor, so daß es für mich unmöglich war, sie zu fangen. Dieser Wurf war begleitet von einem Blick voll unbegrenzter Verwegenheit. Man erzählt von einem französischen Soldaten, der den Rußland-Feldzug mitgemacht hat, daß sein Bein wegen kalten Brandes abgenommen wurde. In dem Augenblick, als die schmerzhafte Operation überstanden war, packte er das Bein an der Fußsohle, warf es in die Luft und rief: *vive l'empereur*. Mit einem solchen Blick warf sie, selbst schöner als je zuvor, beide Ringe empor und sagte zu sich selbst: es lebe die Liebe. Ich fand es indes nicht ratsam, sie in dieser Stimmung durchgehen zu lassen oder sie damit alleine zu lassen aus Furcht vor der Mattigkeit, die so oft danach folgt. Ich verhielt mich deshalb ganz ruhig und zwang sie mit Hilfe der Anwesenheit der Umstehenden, mit dem Spiel fortzufahren, als hätte ich nichts bemerkt. Ein solches Verhalten gibt ihr nur noch mehr Elastizität.

Könnte man in unserer Zeit mit etwas Sympathie für derartige Untersuchungen rechnen, so würde ich die Preisfrage stellen: wer ist, ästhetisch gedacht, schamhafter, ein junges Mädchen oder eine junge Frau, die Unwissende oder die Wissende, wem darf man die größere Freiheit einräumen? Aber mit dergleichen beschäftigt man sich nicht in unserer ernsten Zeit. In Griechenland hätte eine solche Untersuchung allgemeine Aufmerksamkeit erweckt, der ganze Staat wäre in Bewegung gekommen, besonders die jungen Mädchen und die jungen Frauen. Das wird man in unserer Zeit nicht glauben, man wird in unserer Zeit ebensowenig glauben, wenn man von dem bekannten Streit erzählt, der zwischen zwei griechischen Mädchen geführt wurde und der sehr gründlichen Untersuchung, zu der er Anlaß gab; denn in Griechenland behandelte man solche Probleme nicht flüchtig und leichtsinnig; und doch weiß ein jeder, daß *Venus* aufgrund dieses Streits einen Beinamen trägt, und ein jeder bewundert das Bild der Venus, das sie verewigt hat. Eine verheiratete Frau hat zwei Abschnitte in ihrem Leben, in denen sie interessant ist, die ganz frühe Jugend und dann wieder, wenn sie sehr viel älter geworden ist. Aber sie hat ebenso, das muß man ihr zugestehen, einen Augenblick, in dem sie noch anmutiger ist als ein junges Mädchen, noch mehr Ehrerbietung einflößt; aber das ist ein Augenblick, der im Leben selten vorkommt, es ist ein Bild der Phantasie, das man im Leben nicht zu sehen braucht und das man vielleicht nie sieht. Ich stelle sie mir gesund, blühend, üppig entwickelt vor, sie hält ein Kind auf ihrem Arm, auf das ihre ganze Aufmerksamkeit gerichtet, in dessen Betrachtung sie ganz versunken ist. Es ist ein Bild, das man das Anmutigste nennen darf, was das Menschenleben aufzuweisen hat, es ist ein Natur-Mythos, den man deshalb nur künstlerisch betrachten darf, nicht in der Wirklichkeit.

Es dürfen auch nicht mehrere Personen auf dem Bild sein, kein Hintergrund, das stört nur. Geht man etwa in unsere Kirchen, so hat man dort oft Gelegenheit, eine Mutter mit einem Kind auf dem Arm zu sehen. Sieht man von dem beunruhigenden Kindergeschrei ab, sieht man ab von dem beängstigenden Gedanken über die Erwartungen der Eltern für die Zukunft des Kleinen, die sich auf dieses Kindergeschrei begründen, so ist schon allein die Umgebung so störend, daß, wenngleich alles andere vollkommen wäre, die Wirkung doch verloren ginge. Man sieht den Vater, was ein großer Fehler ist, weil es das Mythische, das Verzaubernde aufhebt, man sieht – *horrenda refero* – der Gevatter ernsten Kreis, und man sieht – einfach nichts. In der Phantasie als Bild vorgestellt ist es das Anmutigste von allen. Mir fehlt es nicht an Mut und Kühnheit, nicht an Tollkühnheit, einen Angriff zu wagen – aber wenn ich ein solches Bild in der Wirklichkeit sähe, wäre ich entwaffnet.

Wie mich Cordelia beschäftigt! Und doch ist die Zeit bald vorbei, meine Seele fordert stets Verjüngung. Ich höre schon, wie in der Ferne der Hahn kräht. Auch sie hört es vielleicht, aber sie glaubt, es sei der Morgen, den er verkündet. – Weshalb ist doch ein junges Mädchen so schmuck und warum währt das so kurz? Ich könnte bei dem Gedanken ganz melancholisch werden, und doch, es geht ja mich nichts an. Genieße, schwätze nicht. Die Leute, die aus derartigen Bedenken einen Beruf machen, genießen im allgemeinen gar nichts. Jedoch kann es auch nicht schaden, daß der Gedanke daran aufkommt, denn diese Wehmut nicht um seiner selbst willen, sondern um der anderen willen macht einen im allgemeinen etwas männlich schöner. Eine Wehmut, die wie ein Nebelschleier täuschend über der männlichen Stärke dämmert, gehört mit zu dem Männlich-Erotischen. Dem entspricht beim Weibe eine gewisse Schwermut. – Wenn ein Mädchen sich erst ganz hingegeben hat, dann ist alles vorbei. Noch stets nähere ich mich einem jungen Mädchen mit einer gewissen Angst, mit Herzklopfen, weil ich die ewige Macht fühle, die in ihrem Wesen liegt. Einer Frau gegenüber ist mir das niemals eingefallen. Das bißchen Widerstand, den man mit Hilfe von Kunst zu leisten versucht, bedeutet nichts. Das wäre, als wollte man sagen, daß die Haube einer verheirateten Frau mehr imponiere als das unbedeckte Haupt eines jungen Mädchens. Deshalb war *Diana* immer mein Ideal. Diese reine Jungfräulichkeit, diese absolute Fröhlichkeit hat mich immer sehr beschäftigt. Aber während sie meine ganze Aufmerksamkeit beanspruchte, habe ich sie zugleich immer mit einem schiefen Blick angesehen. Ich bin nämlich der Ansicht, daß sie all diese Lobpreisungen ihrer Jungfräulichkeit, die sie einheimst, eigentlich überhaupt nicht verdient hat. Ihr war nämlich bewußt, daß ihr Spiel im Leben in ihrer Jungfräulichkeit liegt; darum wird diese bewahrt. Hinzu kommt, daß ich in einem philologisch entlegenen Winkel der Welt gehört habe, daß sie eine Vorstellung von den fürchterlichen Schmerzen bei der Geburt hat, die ihre Mutter durchgemacht hat. Das hat sie abgeschreckt, und das kann ich Diana nicht verdenken, denn ich sage mit Euripides: ich würde lieber dreimal in den Krieg ziehen als einmal ein Kind gebären. In Diana verlieben könnte ich mich nun eigentlich nicht, aber ich leugne nicht, daß ich viel für ein Gespräch mit ihr geben würde, für eine, ich würde sagen, rechtschaffene Konversation. Gerade für allerlei Neckerei müßte sie sich gut eignen. Meine gute Diana verfügt offenbar auf die eine oder andere Weise über Kenntnisse, die sie weit weniger naiv machen als selbst Venus. Ich würde mir nichts daraus machen, sie im Bad zu belauschen, überhaupt nicht, aber mit meinen Fragen würde ich ihr auflauern. Wenn ich verstohlen zu einem Stelldichein ginge, bei dem ich um meinen Sieg bangte, dann würde ich mich vorbereiten und bewaffnen, alle Geister der Erotik in Bewegung setzen für das Gespräch mit ihr. –

Oft war Gegenstand meiner Betrachtungen, welche Situation, welcher Augenblick wohl als der verführerischste anzusehen ist. Die Antwort hängt natürlich davon ab, was man begehrt und wie man begehrt und wie man entwickelt ist. Ich halte es mit dem Hochzeitstag und besonders mit einem bestimmten Augenblick. Wenn sie dasteht, als Braut geschmückt und all ihre Pracht doch erblaßt vor ihrer Schönheit und sie wiederum selbst erblaßt, wenn das Blut stockt, wenn der Busen ruht, wenn der Blick tastet, wenn der Fuß wankt, wenn die Jungfrau zittert, wenn die Frucht reifer wird, wenn der Himmel sie emporhebt, wenn der

Ernst sie stärkt, wenn die Verheißung sie trägt, wenn das Gebet sie segnet, wenn die Myrte sie bekränzt; wenn das Herz bebt, das Auge zu Boden blickt, wenn sie sich in sich selbst verbirgt, wenn sie der Welt nicht gehört, um ihr ganz zu gehören; wenn der Busen wogt, wenn das Geschöpf seufzt, wenn die Stimme bebt, wenn die Träne zittert, bevor das Rätsel sich löst, wenn die Fackel angezündet wird, wenn der Bräutigam wartet – dann ist der Augenblick da. Bald ist es zu spät. Nur ein Schritt bleibt noch, aber dieser genügt gerade zu einem Fehltritt. Dieser Augenblick macht selbst ein unbedeutendes Mädchen bedeutend, selbst eine kleine *Zerline* wird zu einem Gegenstand. Alles muß gesammelt, das Entgegengesetzteste im Augenblick vereinigt sein, fehlt etwas, besonders einer der Hauptgegensätze, dann verliert die Situation sofort einen Teil des Verführerischen. Es gibt einen bekannten Kupferstich. Er stellt ein Beichtkind dar. Sie sieht so jung und so unschuldig aus, daß man fast um ihret- und des Beichtvaters willen in Verlegenheit kommt, was sie eigentlich zu beichten haben kann. Sie lüftet den Schleier ein wenig und sieht sich um, als suche sie etwas, was sie vielleicht bei einer späteren Gelegenheit beichten könnte, und es versteht sich, das ist ja auch nicht mehr als Schuldigkeit aus Fürsorge für – den Beichtvater. Die Situation ist recht verführerisch, und da sie die einzige Figur auf dem Bild ist, gibt es nichts, was einen hindert, sich die Kirche, in der das Ganze vor sich geht, so geräumig vorzustellen, daß dort gut mehrere und ganz verschiedene Prediger zur gleichen Zeit predigen können. Die Situation ist sehr verführerisch, und ich habe nichts dagegen, mich im Hintergrund anbringen zu lassen, besonders wenn das kleine Mädchen nichts dagegen hat. Indes es bleibt doch stets eine höchst untergeordnete Situation, denn das Mädchen scheint in jeder Beziehung doch nur ein Kind zu sein, und also braucht es Zeit, bevor der Augenblick kommt.

Bin ich nun in meinem Verhältnis zu Cordelia stets meinem Pakt treu geblieben? Das soll heißen meinem Pakt mit dem Ästhetischen; denn es ist das, was mich stark macht, daß ich beständig die Idee auf meiner Seite habe. Es ist ein Geheimnis wie mit Samsons Haar, das keine Delila mir entreißen soll. Um ein Mädchen recht und schlecht zu betrügen, dafür hätte ich keine Ausdauer; aber daß die Idee mit in Bewegung ist, daß ich in ihrem Dienst handle, ihrem Dienst mich weihe, das gibt mir Härte gegen mich selbst, Enthaltsamkeit von jedem verbotenen Genuß. Ist das Interessante immer gewahrt geblieben? Ja, das darf ich frei und offen sagen in diesem heimlichen Gespräch. Die Verlobung selbst war gerade deshalb das Interessante, weil sie das nicht gab, was man im allgemeinen unter dem Interessanten versteht. Sie bewahrte das Interessante gerade dadurch, daß der äußere Anschein im Gegensatz mit dem inneren Leben stand. Wäre ich ihr heimlich verbunden gewesen, dann wäre es nur in erster Potenz interessant gewesen. Dies hingegen ist das Interessante in zweiter Potenz, und deshalb für sie zuerst das Interessante. Die Verlobung geht auseinander, jedoch deshalb, weil sie selbst sie aufhebt, um sich in höhere Sphären hinaufzuschwingen. So soll es sein; das ist nämlich die Form des Interessanten, die sie am meisten beschäftigen wird.

den 16. Sept.

Das Band ist gebrochen, sehnsuchtsvoll, stark, kühn, göttlich fliegt sie wie ein Vogel, der jetzt für das erste Mal seine Flügel entfalten darf. Flieg, Vogel, flieg! Aufrichtig, wäre dieser königliche Flug ein Entfernen von mir, so würde mich das schmerzen, unendlich tief. Als wäre Pygamlions Geliebte wieder zu Stein geworden, so würde das für mich sein. Leicht habe ich sie gemacht, leicht wie ein Gedanke, und jetzt sollte dieser mein Gedanke nicht mir gehören! Das wäre zum Verzweifeln. Einen Augenblick vorher hätte mich das nicht beschäftigt, einen Augenblick später soll mich das nicht mehr bekümmern, aber jetzt – jetzt, dieses Jetzt, das ist eine Ewigkeit für mich. Aber sie fliegt nicht fort von mir. Flieg nur, Vogel, flieg, hebe dich stolz empor auf deinen Schwingen, gleite hin durch das sanfte Reich der Lüfte, bald bin ich bei dir, bald verberge ich mich mit dir in der tiefen Einsamkeit.

Die Tante war etwas frappiert von dieser Nachricht. Jedoch ist sie zu freidenkend, um Cordelia zwingen zu wollen, obgleich ich, teils um sie noch etwas mehr einzulullen, teils um Cordelia ein wenig zum besten zu halten, einige Versuche gemacht habe, sie dahin zu bringen, sich für mich zu interessieren. Sie erweist mir übrigens viel Teilnahme, sie ahnt nicht, mit wieviel Grund ich mir jede Teilnahme verbitten kann.

Sie hat die Zustimmung der Tante bekommen, einige Zeit auf dem Land zu verbringen. Sie will eine Familie besuchen. Es trifft sich sehr glücklich, daß sie sich nicht sogleich dem Überschwang der Stimmung hingeben kann. Sie wird so noch eine Weile durch allerlei Widerstand von außen in Spannung gehalten. Ich bleibe mit Hilfe von Briefen in lockerer Verbindung mit ihr, dadurch grünt unser Verhältnis wieder. Sie muß jetzt auf jede Weise stark gemacht werden, vor allem ist es das Beste, sie ein paar Schwünge in exzentrischer Verachtung der Menschen und des Allgemeinen machen zu lassen. Wenn dann der Tag ihrer Abreise kommt, trifft ein zuverlässiger Mensch als Kutscher ein. Außerhalb des Tores schließt mein absolut zuverlässiger Diener sich an. Er folgt mit zum Bestimmungsort und bleibt bei ihr zu ihrer Bedienung und notfalls zu ihrer Hilfe. Außer mir selbst kenne ich niemanden, der besser dazu geeignet ist als Johan. Ich selbst habe draußen alles so geschmackvoll wie möglich hergerichtet. Nichts wird fehlen, das auf irgendeine Weise dazu dienen kann, ihre Seele zu betören und sie in einem üppigen Wohlbefinden zu beruhigen.

Meine Cordelia!
Noch haben sich die Rufe: Feuer der einzelnen Familien in der Verwirrung eines allgemeinen kapitolinischen Stadtgeschreis nicht vereinigt. Einige Einzelstimmen hast Du vermutlich schon erdulden müssen. Stell Dir die ganze Versammlung von Teeträger und Kaffeetanten vor; stell Dir vor, daß eine Dame den

Vorsitz hat, die eine würdige Entsprechung jenes unsterblichen Präsidenten Lars bei Claudius darstellt, und Du hast ein Bild und eine Vorstellung davon und einen Maßstab dafür, was Du verloren hast und bei wem: die Meinung guter Menschen.

Anbei das berühmte Kupfer, das den Präsidenten Lars darstellt. Einzeln konnte ich das Kupfer nicht bekommen, deshalb habe ich den ganzen Claudius gekauft, es herausgerissen und das übrige fortgeworfen; denn wie könnte ich es wagen, Dich mit einer Gabe zu beschweren, die in diesem Augenblick keine Bedeutung für Dich hat, weshalb sollte ich nicht alles aufbieten, um zustande zu bringen, was Dir für nur einen Augenblick angenehm sein könnte; weshalb sollte ich zulassen, daß sich in eine Situation mehr einmischt, als was dazu gehört? Eine solche Weitläufigkeit hat die Natur und der in den endlichen Verhältnissen des Lebens geknechtete Mensch, aber Du, meine Cordelia, Du wirst in Deiner Freiheit sie hassen.

Dein Johannes

Der Frühling ist doch die schönste Zeit, sich zu verlieben, der Nachsommer die schönste, am Ziel seiner Wünsche zu sein. Es liegt eine Wehmut über dem Nachsommer, die ganz der Regung entspricht, die einen im Gedanken an die Erfüllung eines Wunsches durchströmt. Heute war ich selbst draußen in dem Landhaus, in dem Cordelia in wenigen Tagen eine Umgebung vorfindet, die mit ihrer Seele harmonisiert. Ich selbst möchte an der Überraschung und Freude darüber nicht teilnehmen, solche erotischen Pointen würden nur ihre Seele schwächen. Wenn sie hingegen alleine damit ist, dann wird sie sich darin verträumen, überall wird sie Andeutungen, Hinweise, eine verzauberte Welt sehen, aber all das würde seine Bedeutung verlieren, stünde ich an ihrer Seite, es würde sie vergessen lassen, daß der Augenblick hinter uns liegt, da derartiges gemeinsames Genießen von Bedeutung war. Diese Umgebung darf ihre Seele nicht narkotisch verstricken, sondern soll sie beständig daraus aufsteigen lassen, indem sie sie wie ein Spiel überblickt, das ohne Bedeutung ist im Vergleich mit dem, was kommen wird. Ich selbst beabsichtige in diesen Tagen, die noch bleiben, den Ort öfters zu besuchen, um in Stimmung zu bleiben.

Meine Cordelia!
Nun nenne ich dich in Wahrheit *mein*, kein äußerliches Zeichen erinnert mich an meinen Besitz. – Bald nenne ich Dich in Wahrheit *mein*. Und wenn ich Dich dann fest umschlossen in meinen Armen halte, wenn Deine Umarmung mich umstrickt, dann brauchen wir keinen Ring, uns daran zu erinnern, daß wir einander gehören, denn ist nicht diese Umarmung ein Ring, der mehr ist als nur eine Bezeichnung. Und um so fester dieser Ring uns umschlingt, ja uns untrennbar aneinander kettet, desto größer die Freiheit, denn Deine Freiheit besteht darin, mein zu sein, wie meine darin, Dein zu sein.
Dein Johannes

Meine Cordelia!

Alpheus verliebte sich auf der Jagd in die Nymphe Arethusa. Sie wollte ihn nicht erhören, sondern floh ständig vor ihm, bis sie auf der Insel Ortygia in eine Quelle verwandelt wurde. Darüber trauerte Alpheus so sehr, daß er in Elis im Peloponnes in einen Fluß verwandelt wurde. Seine Liebe vergaß er jedoch nicht, sondern vereinigte sich unter dem Meer mit jener Quelle. Ist die Zeit der Verwandlung vorbei? Antwort: Ist die Zeit der Liebe vorbei? Womit sollte ich Deine reine, tiefe Seele vergleichen, die keine Verbindung mit der Welt hat außer mit einer Quelle? Habe ich Dir nicht gesagt, daß ich wie ein Fluß bin, der sich verliebt hat? Und stürze ich mich jetzt nicht, da wir getrennt sind, unter das Meer, um mit Dir vereinigt zu werden? Unter dem Meer werden wir uns wieder treffen, denn erst in dieser Tiefe gehören wir richtig zusammen.

Dein Johannes

Meine Cordelia!

Bald, bald bist Du mein. Wenn die Sonne ihr spähendes Auge schließt, wenn die Geschichte vorbei ist und die Mythen beginnen, dann werfe ich mir nicht nur den Mantel um, sondern werfe die Nacht wie einen Mantel über mich und eile zu Dir und horche, um Dich zu finden, nicht nach Fußtritten, sondern dem Klopfen des Herzens.

Dein Johannes

In diesen Tagen, in denen ich nicht persönlich, wann ich will, bei ihr sein kann, hat der Gedanke mich beunruhigt, ob es ihr einfallen könnte, an die Zukunft zu denken. Bisher ist ihr das nie eingefallen, weil ich es gut verstanden habe, sie ästhetisch zu betäuben. Es gibt nichts Unerotischeres als das Geschwätz über die Zukunft, das wesentlich seinen Grund darin hat, daß man nichts anderes hat, womit man die Gegenwart ausfüllen kann. Wenn ich selbst zugegen bin, dann fürchte ich dergleichen nicht, dann werde ich sie dazu bringen, Zeit und Ewigkeit zu vergessen. Versteht man es nicht, in dem Grad mit der Seele eines Mädchens in Fühlung zu sein, dann soll man sich nie darauf einlassen, betören zu wollen, denn dann wird es unmöglich sein, den zwei Klippen zu entgehen, der Frage nach der Zukunft und dem Katechisieren über den Glauben. Es ist deshalb ganz in Ordnung, daß Gretchen im »Faust« ein solches kleines Examen mit ihm abhält, da Faust die Unvorsichtigkeit begangen hat, den Ritter hervorzukehren, und gegen einen solchen Angriff ist ein Mädchen immer gewappnet.

Ich glaube, jetzt ist alles soweit vorbereitet für ihren Empfang; es soll ihr nicht an Gelegenheit fehlen, mein Gedächtnis zu bewundern, oder richtiger, sie soll keine Zeit haben, es zu bewundern. Es wurde nichts vergessen, was für sie von Bedeutung sein könnte, und dagegen ist nichts da, das sie schlecht oder recht an mich erinnern könnte; während ich doch überall unsichtbar zugegen bin. Die Wirkung wird indes zum großen Teil davon abhängen, wie der erste Eindruck auf sie ist. In dieser Hinsicht hat mein Diener die genauesten Instruktionen erhalten, und er ist auf seine Weise ein vollendeter Virtuose. Er versteht es zufällig und lässig, eine Bemerkung fallen zu lassen, wenn er die Anweisung dafür erhält; er versteht es, nichts zu wissen, kurzum, er ist für mich unbezahlbar. – Die Lage ist so, wie sie es sich wünschen könnte. Wenn man in der Mitte des Zimmers sitzt, blickt man nach beiden Seiten über alles Vordergründige hinweg, man hat nach beiden Seiten den unendlichen Horizont, man ist alleine im weiten Meer der Luft. Begibt man sich zu einer Flucht von Fenstern, dann wölbt sich fern am Horizont ein Wald wie ein Kranz, begrenzend und einrahmend. So soll es sein. Was liebt die Liebe? – Ein Gehege; war das Paradies selbst nicht ein umfriedeter Platz, ein Garten gegen Osten? – Aber dieser Ring, er schließt sich zu eng um einen – man tritt näher zum Fenster, ein kleiner Binnensee verbirgt sich demütig zwischen der höheren Umgebung – am Ufer liegt ein Boot. Ein Seufzer aus der Tiefe des Herzens, ein Hauch aus der Unruhe des Gedankens – es löst sich von seiner Befestigung, es gleitet hin über die Fläche des Sees, leicht bewegt von der milden Luft unaussprechlicher Sehnsucht; man verschwindet in der geheimnisvollen Einsamkeit des Waldes, gewiegt von der Fläche des Sees, der von dem tiefen Dunkel des Waldes träumt. – Man wendet sich nach der anderen Seite, dort breitet sich das Meer vor dem Auge aus, dem nichts Einhalt gebietet, verfolgt von Gedanken, die nichts aufhält. – Was liebt Liebe? Unendlichkeit. – Was fürchtet Liebe?

– Grenze. – – Hinter der großen Halle befindet sich ein kleineres Zimmer oder richtiger ein Kabinett, denn was jenes Zimmer im Wahlschen Haus ungefähr sein könnte, das ist dieses hier. Die Ähnlichkeit ist täuschend. Ein aus Weiden geflochtener Teppich bedeckt den Fußboden, vor dem Sofa steht ein kleiner Teetisch, auf ihm eine Lampe, ähnlich der zu Hause. Alles ist das gleiche, nur prächtiger. Diese Veränderung des Zimmers wage ich mir zu erlauben. In der Halle steht ein Klavier, ein ganz einfaches, aber es erinnert an das Klavier, das sich bei den *Jansens* befand. Es ist aufgeklappt. Auf dem Notenständer liegt aufgeschlagen das kleine schwedische Lied. Die Tür zur Diele ist angelehnt. Sie kommt durch die Tür im Hintergrund herein, so lautet die Anweisung für Johan. Dabei fällt ihr Blick auf den Eingang zum Kabinett und auf das Klavier, die Erinnerungen erwachen in ihrer Seele, in dem Augenblick öffnet Johan die Tür. – Die Illusion ist vollständig. Sie tritt ein in das Kabinett. Sie ist zufrieden, davon bin ich überzeugt. Während ihr Blick auf den Tisch fällt, sieht sie ein Buch; im gleichen Augenblick ergreift Johan es, wie um es beiseite zu legen, indem er beiläufig anfügt: »Das hat der Herr sicher vergessen, als er heute früh hier draußen war.« So erfährt sie als erstes, daß ich bereits frühmorgens dort gewesen bin, dann will sie das Buch sehen. Es ist die deutsche Übersetzung der bekannten Schrift von Apuleius: *Amor und Psyche*. Es ist kein dichterisches Werk, aber das soll es auch nicht sein; denn es ist stets eine Beleidigung für ein junges Mädchen, ihm ein eigentlich dichterisches Werk zu bieten, als sei es in einem solchen Augenblick nicht selbst dichterisch genug, die Poesie einzusaugen, die sich unmittelbar in dem Tatsächlichen verbirgt und die nicht zuvor von dem Gedanken eines anderen verzehrt worden ist. Daran denkt man im allgemeinen nicht, und doch ist es so. – Sie möchte das Buch lesen, damit ist der Zweck erreicht. – Während sie es an der Stelle aufschlägt, wo zuletzt darin gelesen wurde, findet sie dort einen kleinen Myrtenzweig, gleichzeitig wird sie empfinden, daß er mehr bedeuten soll als ein Lesezeichen.

Meine Cordelia!
Warum Furcht? Wenn wir zusammenhalten, sind wir stark, stärker als selbst die Götter. Du weißt, daß einst ein Geschlecht auf Erden lebte, die zwar Menschen waren, in denen aber jeder sich selbst genügte, die nicht die innige Vereinigung der Liebe kannten. Aber sie waren mächtig, so mächtig, daß sie den Himmel stürmen wollten. *Jupiter* fürchtete sie und teilte sie derart, daß aus einem zwei wurden, ein Mann und ein Weib. Geschieht es nun zuweilen, daß sich das, was einstmals eins gewesen ist, wieder in Liebe vereinigt, dann ist eine solche Vereinigung stärker als Jupiter; sie sind dann nicht nur so stark, wie der einzelne es war, sondern noch stärker, denn der Liebe Vereinigung ist eine noch höhere.

Dein Johannes

d. 24. Sept.

Die Nacht ist still – die Uhr zeigt ein Viertel vor zwölf – der Jäger am Tor bläst seinen Segen über das Land, vom Blegdamm hallt es wider – er tritt ein in das Tor – er bläst wieder, jetzt kommt das Echo aus der Ferne. – Alles schläft in Frieden, nur nicht die Liebe. So erhebt euch denn, heimliche Mächte der Liebe, sammelt euch in dieser Brust! Die Nacht ist still – ein einsamer Vogel bricht diese Stille mit seinem Schrei und seinem Flügelschlag, während er über das betaute Feld dahinstreicht, hinab zum Abhang des Glacis; auch er eilt wohl zu einem Stelldichein – *accipio omen!* – wie unheilvoll die ganze Natur ist! Sie sind mir Warnung, des Vogels Flug, ihr Schrei, der Fische übermütiges Schlagen gegen die Oberfläche des Wassers, ihr Verschwinden in die Tiefe, entferntes Hundegebell, das ferne Rattern eines Wagens, die weit entfernt hallenden Schritte. Ich sehe nicht die Gespenster dieser nächtlichen Stunde, ich sehe nicht das, was war, sondern das, was kommen wird, im Busen des Sees, im Kuß des Tages, im Nebel, der sich über die Erde ausbreitet und ihre fruchtbare Umarmung verbirgt. Alles ist Bild, ich selbst ein Mythos meiner selbst, denn ist es nicht gleichsam ein Mythos, daß ich zu dieser Begegnung eile? Wer ich bin, tut nichts zur Sache, alles Endliche und Zeitliche ist vergessen, nur das Ewige bleibt, die Macht der Liebe, ihre Sehnsucht, ihre Seeligkeit. – Wie ist doch meine Seele gestimmt wie ein gespannter Bogen, wie liegen doch die Gedanken bereit, wie der Pfeil in meinem Köcher, keine giftigen und doch imstande, sich mit dem Blut zu vermischen. Wie kräftig meine

Seele ist, gesund, froh, gegenwärtig wie ein Gott. – –
Von Natur aus war sie schön. Ich danke dir, wundervolle Natur! Wie eine Mutter hast du über sie gewacht. Hab Dank für deine Sorgfalt! Unverfälscht war sie. Ich danke euch, ihr Menschen, denen sie es verdankt. Ihre Entwicklung war mein Werk – bald genieße ich meinen Lohn. – Wieviel habe ich nicht in diesen einen Augenblick vereinigt, der jetzt bevorsteht. Tod und Teufel, sollte er mir entgehen! –

Noch sehe ich nicht meinen Wagen. – Ich höre einen Peitschenschlag, da ist mein Kutscher. – Fahr zu auf Leben und Tod, mögen auch die Pferde zusammenbrechen, solange es nicht eine Sekunde, bevor wir an Ort und Stelle sind, passiert.

d. 25. Sept.

Warum kann eine solche Nacht nicht länger währen? Wenn Alektryon sich vergessen konnte, warum kann dann die Sonne nicht mitfühlender sein? Doch nun ist es vorbei, und ich möchte sie nie wiedersehen. Wenn ein Mädchen alles gegeben hat, dann ist sie schwach, dann hat sie alles verloren; denn die Unschuld ist beim Manne ein negatives Moment, bei dem Weib ist es der Inhalt ihres Wesens. Jetzt ist jeder Widerstand unmöglich, nur solange wie er da ist, ist es schön zu lieben, hat er aufgehört, ist es Schwäche und Gewohnheit. Ich möchte mich nicht an mein Verhältnis mit ihr erinnern; sie hat ihren Duft verloren und die Zeit ist vorbei, daß sich ein Mädchen aus Schmerz über seinen treulosen Geliebten in einen Heliotrop verwandelte. Ich will nicht Abschied von ihr nehmen; nichts ist mir widerwärtiger als Weibertränen und Weiberbitten, die alles verändern und doch eigentlich nichts zu bedeuten haben. Ich habe sie geliebt; aber von jetzt an kann sie meine Seele nicht mehr beschäftigen. Wäre ich ein Gott, dann würde ich das für sie tun, was Neptun für eine Nymphe tat, sie in einen Mann verwandeln.

Es würde sich wirklich lohnen zu wissen, ob man nicht imstande wäre, sich in der Art aus einem Mädchen herauszudichten, daß man sie so stolz macht, daß sie sich einbilden würde, daß sie es gewesen ist, die das Verhältnis leid war. Das könnte ein recht interessantes Nachspiel ergeben, das an sich von psychologischem Interesse wäre und einen darüber hinaus mit vielen erotischen Beobachtungen bereicherte.

Anmerkungen

9 *Commentarius perpetuus:* Fortlaufende Aufzeichnungen.
14 *Exacerbatio cerebri:* Ekstatische Hirnerhitzung.
16 *Ein parastatischer Leib:* Ein scheinbarer Leib (Schein-Leib)
19 *Ich umarmte die Wolke:* Wie Ixion, der sich an Hera vergreifen wollte, aber von einer Wolke in ihrer Gestalt zum Narren gehalten wurde.
22 *Actiones in distans:* Handlungen mit einem fernen Ziel.
Vers von Goethe: »Jery und Bätely«, Werke Band XI (1828).
23 *Es gab einen reichen Mann:* Zweites Buch Samuel 12.
25 *Eine Novelle von Tieck:* »Die wilde Engländerin« in »Das Zauberschloß«, Schriften (Berlin 1853) XXI
26 *Cuvier:* Der französische Naturforscher G. Cuvier (1769-1832), der in seinem Werk »Recherches sur les Ossements Fossiles«, 2. Auflage 1821, sich zum Ziel setzte darzulegen, wie man mittels eines einzelnen Knochens imstande ist, ein Tier zu rekonstruieren.
35 *Das Bestehende ist doch das Vernünftige:* Ein von Hegel entlehnter Satz, der hier aber mit parodierendem Unterton verwendet wird.
Donna Annas Worte: Don Juan, 1. Akt, 16. Szene in der dänischen Ausgabe von Kruse.
36 *Jungfer Lisbeth:* In Holbergs »Erasmus Montanus«, 5. Akt, 5. Szene.
42 *Klintekong:* Felsenkönig; wahrscheinlich einem dänischen Volksschauspiel entnommen.
43 *Alcedo ispida:* Eisvogel, von dem im Altertum angenommen wurde, daß er sein Nest auf dem Wasser baut.
Grüner Mantel: Die Krankenträger am Frederiks-Hospital in Kopenhagen, die die Kranken in einem Tragsessel holten, trugen grüne Jacken mit kurzen Schößen.
46 *Heraufholen:* Wie Orpheus seine tote Geliebte Euridike aus der Unterwelt heraufholen wollte.

47 *Dichterwort:* Ovid, »Ars Amandi« II, 235.
48 *Preciosa:* lyrisches Drama von P. A. Wolff, Musik von Carl Maria von Weber. Im ersten Akt heißt es: »Aber Preciosa, sag mir, wie kann Armut, Geist und Anstand unter so wilden Scharen gedeihen? Muß Anmut dich nicht verführen? Wie willst du deine Tugend bewahren, wenn du stets um dich herum nur Fehler und Laster sehen und hören mußt?
52 *Weg zwischen Öster- und Nörreport:* Dort befindet sich jetzt die Öster Voldgate. Der Weg lag hinter dem Festungswall und war mit Bäumen bepflanzt. Hier ging Sören Kierkegaard oft spazieren und traf zuweilen Regine.
53 *Leicht wie Psyche:* Auf Raffaels Gemälde in der Villa Farnesina, auf dem sie von Amoretten in den Himmel getragen wird.
57 *Josephs Deutung des Pharao-Traumes:* Genesis, 41, 32.
59 *Cordelia:* Regine hatte eine Schwester mit diesem Namen. Sie war Sören Kierkegaard freundlich gesinnt, auch nach dem Bruch mit Regine. Da Kierkegaard im »Tagebuch des Verführers« die Hauptperson als den bewußten Verführer auftreten läßt, als den er sich selbst hinzustellen versuchte, um Regine freizumachen, muß man die Wahl des Namens Cordelia sicherlich in diesem Zusammenhang sehen.
60 *Lears dritte Tochter:* Shakespeare, »König Lear«, 1. Akt, 1. Szene.
61 *Con amore:* Figaro, »Figaros Hochzeit«, 2. Akt, 2. Szene.
71 *Mettelil:* Kierkegaard denkt an das Lied Nr. 271 in Svend Grundtvigs Ausgabe von Volksliedern, in denen die Hauptperson, die das goldene Spinnrad drehte, jedoch nicht Mettelil heißt.
75 *Vorkauf:* Aufkauf vor dem Markt und der Marktzeit mit dem Ziel, die Preise für die Käufer zu erhöhen.
76 *Edvard:* Ursprünglich hatte Sören Kierkegaard ihn Fritz genannt, so hieß der Verehrer und spätere Ehemann von Regine. An einer Stelle kann sich aber Sören Kierkegaard nicht enthalten, auf diesen ursprünglichen Namen hinzuweisen: »Armer Edvard! Schade, daß er nicht Fritz heißt.«
79 *Quod antea fuit impetus, nunc ratio est:* Ovid, »Remedia amoris«, Vers 10: et quod nunc ratio est, impetus ante fuit.
85 *Zugrunde gehn:* Hegel, »Wissenschaft der Logik«.

87 »*Die Braut*«, Singspiel von Scribe, in der Übersetzung von I. L. Heiberg. Fritz, ein Tiroler von Geburt, Tapezierer und Korporal in der Bürgerwehr, verliert aus eigener Schuld seine Braut, die statt dessen einen Grafen bekommt.

91 *Der eine . . .:* Aus einem Gedicht von J. von Eichendorff. Die zitierten Zeilen stehen auch im Original in deutscher Sprache.

94 *Und ich . . .:* Die Verse stammen aus einer nordischen Bauernweise (A. Caen's Buch mit Volksweisen, 1847).

95 *Harmonia praestabilita:* vorher bestimmte Übereinstimmung, ein Kunstausdruck in der Philosophie von Leibniz.

97 *Sonnenwagen:* Wie Phaëton, der von seinem Vater, dem Sonnengott, die Erlaubnis dafür erhielt und der Erde zu nahe kam.

100 *Non formosus:* Ovid »Ars Amandi« II, 12.

101 *Alter Vers:* Wahrscheinlich ist hier gedacht an »Munken går i Enge« (Der Mönch geht durch die Auen).

102 *Jehova:* vermutlich wird auf das Erste Buch Samuel, 3, hingewiesen.

103 *Theklas Lied:* Schiller »Die Piccolomini«, 3. Akt, 7. Szene.
Bürgers Gedichte: Bürgers »Leonore«.

108 *Ex consensu gentium:* Aus den Gottesbeweisen entnommen.

111 *Volente deo:* Wenn Gott will.
In suspenso: In der Schwebe.

112 *Generatio aequivoca:* Selbstzeugung (Geburt ohne Paarung).

115 *Die Seele eines Mädchens . . .:* in Platons Apologie.

120 *Trop:* In Heibergs »Recensenten og Dyret« (Der Rezensent und das Tier), 4. Szene.

122 *In statu quo (ante):* Im bisherigen Zustand.

123 *Cominus:* auf Nähe.
Eminus: auf Abstand.
Ovid: »Amores« I, 4, 16 und 44.

124 *Auf heimlich errötender Wange . . .:* auch im Originaltext in deutscher Sprache.

139 *Wenn ein Geist an meine Tür geklopft hätte:* Wie Don Juan, als die Statue des Komtur an die Tür klopfte.

141 *Rebekka:* Es war Rahel, die die Hausgötter von Laban stahl (1. Buch Moses, 31, 34).

143 *Venerabile:* Etwas Anbetungswürdiges.

149 *Des Dichters Wort von Agnete:* Baggesen, »Agnete Fra Holmegaard« (Agnete von Holmegaard) »Danske Vaerker«.

150 *Kaplan:* I. L. Heiberg »Prosaiski Skrifter« (Prosaische Schriften) X. Ein Kaplan kann alt werden, und sich durch Hoffnung am Leben erhalten.

Min Cordelia: Sören Kierkegaard begann all seine Briefe an Regine mit »Min Regine!« (Meine Regine!).

152 *Cardea* oder *Carna:* eine römische Göttin, die über die Türangeln (cardo) wachte. Ovid, »Fasti« VI.

155 *Man erzählt von Menschen:* z. B. Sallust, »Catilina«.

158 *Aeolus:* Der Gott der Winde, der sie auf einer Felsinsel eingesperrt hält (Odyssee X).

Ariadne: Tochter des Königs Minos, die Theseus mit Hilfe eines Fadens aus dem Labyrinth half.

160 *Wie kann ein Reich bestehen . . . :* Markus 3, 24.

162 *Da Jakob mit Laban . . . gefeilscht hatte:* Genesis, 30, 31.

163 *Ein Bild aus der Antike:* Eine Wandmalerei aus Herculanum, jetzt im Museum in Neapel. Theseus entführte Ariadne, verließ sie aber auf der Insel Naxos.

168 *Nur meine Stimme . . . :* Wie von der Nymphe Echo erzählt wird, die in Narziß verliebt war.

176 *32 Männer:* Die damaligen Stadtverordneten.

Der Polizeifreund: »Politivennen« von 1937, 86. Heft. Auf Seite 219 ff. und 235 ff. findet man ein satirisches Stück mit dem Titel »Tjenestepigerne för og nu« (Die Dienstmädchen einst und jetzt), eine Skizze von Castelli, lokalisiert. Die Tracht des modernen Dienstmädchens wird angegeben mit Mantel, Boa, ein hübscher Hut und graue Glacéhandschuhe.

177 *Beispiellos* und *Jubeljahr:* Lieblingsausdrücke von Grundtvig.

180 αὐτάρκεια (autarkeia): Selbstbeherrschung, das Ideal der stoischen Philosophie.

183 *Onomatopoietiko:* Worte, deren Klang den Laut malen, den sie bezeichnen.

184 *Salomon:* Salomo Sprüche 24, 26.

Phaidros: Werk Platons.

185 *Der Lateiner sagt:* »pendet ab ore magistri«.

Kollosalstatue: ägyptische Kolossalstatue, von der die Griechen annahmen, daß sie Memnon, den Sohn Eos', darstellt. Sie gab bei Beginn des Tages einen singenden Laut von sich.

186 *Dos est uxoria lites:* Ovid, »Ars Amandi« II.
Gürtel: Aphrodites Schönheitsgürtel.
Confabulatio: Unterhaltung, Gespräch.

189 *Iacta est alea:* Angebliches Zitat Caesars beim Überschreiten des Rubikon.

192 *Scheherezade:* Erzählerin in Tausendundeiner Nacht.

194 *Oderint, dum metuant:* Mögen sie hassen, wenn sie nur fürchten. Zitat eines römischen Tragödienschreibers, das Caligula zu sagen pflegte (Sueton, »Caligula« 30).
Nymphea alba: Die weiße Seerose.

195 *Anadyomene:* Aphrodite, die aus dem Meer Emportauchende.

197 *Pyramus und Thisbe:* Ovid, »Metamorphosen« IV.

199 *Horaz:* »Oden« II, 8.
Palnatoke: In Oehlenschlaeger »Palnatoke«, 5. Akt, 2. Szene.

202 *Mag Gott doch den Himmel behalten:* Weist hin auf den Ausspruch König Valdemar Atterdags über Schloß Gurre in Nordseeland.

203 *Ich werde versuchen, das Weib kategorisch zu denken:* Das Folgende ist ein parodierendes Spiel mit Hegelschen Begriffen »Sein-für-Anderes« usw.

204 *Vesta:* Ovid (Fasti VI 292).

205 *So wie Jehova:* Zweites Buch Moses, 20, 5.
Wie eine Blume: Gedicht von Heine »Du bist wie eine Blume . . .«

206 *Sprödigkeit:* Auch im Originaltext in deutscher Sprache.

207 *Man ist entsetzt von einem Mädchen zu lesen:* Turandot.

210 *bekannter Streit:* Der Streit ging darum, wer das schönste Gesäß habe. In diesem Zusammenhang wurde Aphrodite ein Tempel errichtet und sie erhielt den Beinamen Kallipygos (mit dem schönen Gesäß).

211 *Horrenda refero:* Vergil, »Aeneis« II, 204 (horresco referens – grauend erzähl ich's).

213 *Euripides:* »Medea«.

216 *Pygmalions Geliebte:* Pygmalion war ein griechischer Bildhauer, von dem berichtet wird, daß er sich in eine weibliche Statue

verliebte, die er selbst geschaffen hatte, und von den Göttern die Gunst erbat, ihr Leben zu schenken.

218 *Kapitolinisches Stadtgeschrei:* Hinweis auf die kapitolinischen Gänse, deren Geschrei die Besatzung des Kapitols weckte, als die Gallier sie überrumpeln wollten.

Matthias Claudius: In »Asmus omnia sua secum portans« oder Sämtliche Werke des Wandsbecker Boten befindet sich ein komisches Bild von »Der Präsident Lars« vor einem parodistischen Stück »Eine Disputation zwischen den Herren W. und X. und einem Fremden über Hrn. Pastor Alberti«, »Anleitung zum Gespräch über die Religion« und über Hrn. Pastor Goeze »Text am 5ten Sonntage nach Ephiphanias« unter Vorsitz des Hrn. Lars Hochedeln.

220 *Ortygia:* Insel, auf der der älteste Teil von Syrakus lag.

222 *Ein Garten gegen Osten:* Genesis, 2, 8.

223 *Amor und Psyche:* In »Der Goldene Esel« von Apuleius.

224 *Einst ein Geschlecht auf Erden . . . :* Bezieht sich auf Aristophanes' Rede in Platons »Symposion« (Gastmahl).

225 *Accipio omen:* Cicero, »De divinatione« I, 103.

226 *Gegenwärtig:* Hier wird an das lateinische *praesens* gedacht, das gebraucht wird, wenn es sich um einen Gott handelt, der kräftig, gleichsam anwesend seine Macht zeigt.

Alektryon: Freund des Ares. Er sollte während des Stelldicheins von Ares und Aphrodite Wache halten, schlief aber ein, so daß sie vom Sonnengott und Hephaistos überrascht wurden.

In einen Heliotrop verwandelt: Wie es mit Klytia geschah, als der Sonnengott ihr untreu geworden war.

227 *Für eine Nymphe tat:* Die Thessalierin Kainis wurde von ihrem Liebhaber Poseidon in einen Mann, Kaineus, verwandelt.

Zu dieser Ausgabe

insel taschenbuch 2135: Sören Kierkegaard, Tagebuch des Verführers. Titel der Originalausgabe: Forførerens Dagbog. In: Enten – Eller. Et Livs-Fragment, udgivet af Victor Eremita, Kopenhagen 1843. Die vorliegende Übersetzung folgt der Ausgabe: Sören Kierkegaard, Tagebuch des Verführers. Aus dem Dänischen von Helene Ritzerfeld. Insel Verlag Frankfurt am Main 1983 [insel taschenbuch 405], übersetzt nach Samlede Vaerker 1-20, 3. Auflage, © Gyldendalske Boghandel, Nordisk Forlag A.S., Kopenhagen 1962.

Umschlagabbildung: Vittorio-Matteo Corcos, Träumerei (1896).

Biographien, Leben und Werk
im insel taschenbuch

Lou Andreas-Salomé: Lebensrückblick. Grundriß einiger Lebenserinnerungen. Aus dem Nachlaß herausgegeben von Ernst Pfeiffer. Neu durchgesehene Ausgabe mit einem Nachwort des Herausgebers. it 54
– Rainer Maria Rilke. Mit acht Bildtafeln im Text. Herausgegeben von Ernst Pfeiffer. it 1044
Elizabeth von Arnim: Elizabeth und ihr Garten. Aus dem Englischen von Adelheid Dormagen. it 1293 und Großdruck it 2338
Jane Austen. Leben und Werk in Texten und Bildern. Von Angelika Beck. it 1620
Bertolt Brecht. Sein Leben in Bildern und Texten. Mit einem Vorwort von Max Frisch. Herausgegeben von Werner Hecht. it 1122
Die Schwestern Brontë. Leben und Werk in Texten und Bildern. Herausgegeben von Elsemarie Maletzke und Christel Schütz. it 814
Robert de Traz: Die Familie Brontë. Eine Biographie. Aus dem Französischen von Maria Arnold. Mit einem Beitrag von Mario Praz und zahlreichen Abbildungen. it 1548
Georg Büchner. Leben und Werk in Texten und Bildern. Von Reinhold Pabst. it 1626
Hans Carossa: Ungleiche Welten. Lebensbericht. it 1471
Cézanne. Leben und Werk in Texten und Bildern. Von Margret Boehm-Hunold. it 1140
George Clémenceau: Claude Monet. Betrachtungen und Erinnerungen eines Freundes. Mit farbigen Abbildungen und einem Nachwort von Gottfried Boehm. it 1152
Sigrid Damm: Cornelia Goethe. it 1452
– »Vögel, die verkünden Land.« Das Leben des Jakob Michael Reinhold Lenz. it 1399
Joseph von Eichendorff. Leben und Werk in Texten und Bildern. Herausgegeben von Wolfgang Frühwald und Franz Heiduk. it 1064
Elisabeth von Österreich. Tagebuchblätter von Constantin Christomanos. Herausgegeben von Verena von der Heyden-Rynsch. Mit Beiträgen von E. M. Cioran, Paul Morand, Maurice Barrès und Ludwig Klages. Mit zeitgenössischen Abbildungen. it 1536
Die Familie Mendelssohn. 1729 bis 1847. Nach Briefen und Tagebüchern herausgegeben von Sebastian Hensel. Mit einem Nachwort von Konrad Feilchenfeldt. it 1671
Theodor Fontane: Kriegsgefangen. Erlebnisse 1870. Herausgegeben von Otto Drude. Mit zahlreichen Abbildungen. it 1437
– Meine Kinderjahre. Autobiographischer Roman. Mit einem Nachwort von Otto Drude. it 705

Biographien, Leben und Werk
im insel taschenbuch

Theodor Fontane. Leben und Werk in Texten und Bildern. Von Otto Drude. it 1660

Sigmund Freud. Sein Leben in Bildern und Texten. Herausgegeben von Ernst Freud, Lucie Freud und Ilse Grubrich-Simitis. Mit einer biographischen Skizze von K. R. Eissler. Gestaltet von Willy Fleckhaus. it 1133

Klaus Goch: Franziska Nietzsche. Eine Biographie. Mit zahlreichen Abbildungen. it 1623

Goethe. Sein Leben in Bildern und Texten. Vorwort von Adolf Muschg. Herausgegeben von Christoph Michel. Gestaltet von Willy Fleckhaus. it 1000

Manfred Wenzel: Goethe und die Medizin. Selbstzeugnisse und Dokumente. Herausgegeben von Manfred Wenzel. Mit zahlreichen Abbildungen. it 1350

Herman Grimm: Das Leben Michelangelos. it 1758

Gernot Gruber: Mozart. Leben und Werk in Texten und Bildern. it 1695

Otto Hahn. Leben und Werk in Texten und Bildern. Mit einem Vorwort von Carl Friedrich von Weizsäcker. Herausgegeben von Dietrich Hahn. it 1089

Heinrich Heine. Leben und Werk in Daten und Bildern. Von Joseph A. Kruse. Mit farbigen Abbildungen. it 615

Hermann Hesse. Sein Leben in Bildern und Texten. Mit einem Vorwort von Hans Mayer. Herausgegeben von Volker Michels. it 1111

Volker Michels: Hermann Hesse. Leben und Werk im Bild. Mit dem ›kurzgefaßten Lebenslauf‹ von Hermann Hesse. it 36

Marie Hesse: Ein Lebensbild in Briefen und Tagebüchern. Mit einem Essay von Siegfried Greiner. Mit frühen Lithographien von Gunter Böhmer. it 261

Hölderlin. Chronik seines Lebens mit ausgewählten Bildnissen. Herausgegeben von Adolf Beck. it 83

Eckart Kleßmann: E.T.A. Hoffmann oder Die Tiefe zwischen Stern und Erde. Eine Biographie. Mit zahlreichen Abbildungen. it 1732

Peter Huchel. Leben und Werk in Texten und Bildern. Herausgegeben von Peter Walther. it 1805

Erhart Kästner. Leben und Werk in Daten und Bildern. Herausgegeben von Anita Kästner und Reingart Kästner. it 386

Marie Luise Kaschnitz: Tage, Tage, Jahre. Aufzeichnungen. it 1453

Harry Graf Kessler: Tagebücher 1918-1937. Herausgegeben von Wolfgang Pfeiffer-Belli. it1 1779

Biographien, Leben und Werk
im insel taschenbuch

Gisela Kleine: Gabriele Münter und Wassily Kandinsky. Biographie eines Paares. Mit farbigen Abbildungen. it 1611

Eckart Kleßmann: Die Familie Mendelssohn. Mit zahlreichen Abbildungen. it 1523

Werner Koch: Lawrence von Arabien. Leben und Werk in Texten und Bildern. Mit einem Bildteil und Lebensdaten von Michael Schroeder. it 1704

Cordula Koepcke: Lou Andreas-Salomé. Leben. Persönlichkeit. Werk. Eine Biographie. it 905

Oskar Kokoschka. Leben und Werk in Daten und Bildern. Herausgegeben von Norbert Werner. it 909

Monique Lange: Edith Piaf. Die Geschichte der Piaf. Ihr Leben in Texten und Bildern. Aus dem Französischen von Hugo Beyer. Mit einer Discographie. it 516

Mütter berühmter Männer. Zwölf biographische Portraits. Herausgegeben von Luise F. Pusch. it 1356

Jean Orieux: Das Leben des Voltaire. Aus dem Französischen von Julia Kirchner. Mit einer Zeittafel und einem kommentierten Personenregister. it 1651

Ernst Penzoldt. Leben und Werk in Texten und Bildern. Herausgegeben von Ulla Penzoldt und Volker Michels. it 547

Renate Wiggershaus: Marcel Proust. Leben und Werk in Texten und Bildern. it 1348

Requiem für eine romantische Frau. Die Geschichte von Auguste Bußmann und Clemens Brentano. Nach gedruckten und ungedruckten Quellen überliefert von Hans Magnus Enzensberger. Aus neuen Funden ergänzt und mit einem Capriccio als Zugabe. it 1778

Rainer Maria Rilke. Leben und Werk im Bild. Von Ingeborg Schnack. Mit einer biographischen Einführung und einer Zeittafel. it 35

George Sand. Leben und Werk in Texten und Bildern. Von Gisela Schlientz. it 565

Arthur Schopenhauer. Leben und Werk in Texten und Bildern. Herausgegeben von Angelika Hübscher. it 1059

Misia Sert: Pariser Erinnerungen. Aus dem Französischen von Hedwig Andertann. Mit einem Bildteil. it 1180

Töchter berühmter Männer. Neun biographische Portraits. Herausgegeben von Luise F. Pusch. it 979

Siegfried Unseld: Hermann Hesse. Werk und Wirkungsgeschichte. Revidierte und erweiterte Fassung der Ausgabe von 1973. Mit zahlreichen Abbildungen. it 1112